U0577249

现代都市第3空间 **滇池之旅**

DIANCHI TOUR

昆明滇池国家旅游度假区 主编

云南出版集团公司

云南科技出版社

·昆明·

图书在版编目（CIP）数据

滇池之旅：现代都市第3空间/昆明滇池国家旅游度假区管委会编.—昆明：云南科技出版社，2008.12

ISBN 978-7-5416-3103-0

Ⅰ.滇… Ⅱ.昆… Ⅲ.旅游指南 - 昆明市 Ⅳ.K928.974.1

中国版本图书馆CIP数据核字（2008）第199422号

责任编辑：刘 康 申 俊
责任校对：叶水金
责任印制：翟 苑

云南出版集团公司

云南科技出版社出版发行

（昆明市环城西路609号云南新闻出版大楼 邮政编码：650034）

昆明富新春彩色印务有限公司 印刷

全国新华书店经销

开 本：889mm×1194mm 1/32 印 张：6.375 字 数：80千字

2009年4月第1版 2009年4月第1次印刷

印 数：1～5000 定价：38.00元

P007

P040

CONTENTS
目录

龙门

昆明市区

白鱼　观音山

滇池

CONTENTS
目录

现代都市第三空间 滇池之旅

　　滇池，昆明的记忆摇篮，也是昆明人的精神家园。也是它，赋予了这座高原之城独特的浪漫气质。

　　多少个世纪以来，渔人摇橹出海，始终是昆明城最为动人的风景。五百里滇池丰富的物产，养育了昆明城无数的子民。滇池，是昆明的乳娘和母亲。

　　时光走到21世纪的今天，滇池已经演变成为昆明人的第三空间。

　　揽一朵飞絮做新娘，捞一轮明月做童话。

　　火红的木棉，作为树的象征与爱人站在一起。根，相握在地下；叶，相触在云里。每一阵风吹过，它们都互相致意，但没有人，听懂它们的言语。

　　情人堤上，处处是动人的誓言。他们，是彼此前一世的浪漫樱花。英姿飒爽的女子巡骑队，目睹了鸥的翱翔。

　　西门酒廊里的私语，爱情海红酒坊总有让人醉的理由。普洱茶的香，萦绕了一个城市的梦幻。云南民族村，呈现了一个微缩的云南。SPA和疗养院里，终于给身找到了心的归宿。

　　这里是彩云之南的普罗旺斯。

　　听激情澎湃的喝彩。皇马六巨头玩球的地方，滇池撑起了中国足球的大后方。

　　沿着精英们挥出的高尔夫曲线，不经意地，我们就能与超级明星不期而遇。总有一些时刻的生活，像极了电影。

　　大地书香，这里是成功者人居投资的地标，名门望族扎堆，精英会聚。

　　波涛做枕，蓝天为被，鲜花为裳。

　　滇池是昆明的"后花园"。

　　如果家是人的"第一空间"，繁忙紧张的工作场所是"第二空间"，那么，滇池就是昆明人尽情休闲、体验自然、休憩身心、思考决策之地的"第三空间"。

滇池之旅
DIANCHI TOUR

滇池 是昆明人尽情休闲、体验自然、休憩身心、思考决策之地的 "第3空间"。

五百里滇池奔来眼底……
法空阔无边……

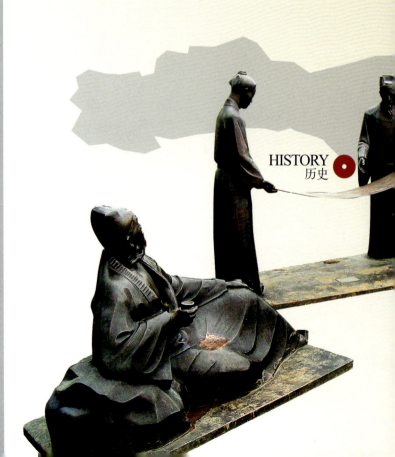

PART 1

区位／环境／历史

HISTORY
历史

ENVIREMENT
环境

AREA
区位

一个城市的记忆摇篮

看到美丽的滇池，总是会有隐隐的感动和情愫。是它，在历史上第一次以如此隆重的手笔，在这里打造着与滇池气质完全契合的一个度假区域。它的每个角落都散发着节日般的闲散和享受氛围，"生活就是度假"在这里得到了真正的实现。

滇池对于昆明，是母与子、鱼和水的关系。滇池是昆明的母亲湖，是它孕育了昆明和昆明城灿烂的文化。没有滇池，便没有四季如春的气候，便没有物产丰富的土地。

　　昆明历史上的八景几乎都与滇池
有关。

　　1992年10月，昆明滇池国家旅游度
假区成立，是全国12个国家级旅游度假
区之一，也是全国唯一一个位于内陆的国
家级旅游度假区。获得如此殊誉，和滇池
及滇池所孕育的深厚文化有莫大关系。

　　滇池是昆明的记忆摇篮。

　　小时候的滇池很远、很远，远到只
能偶尔投去一瞥，无数的渔船撒网捕
鱼，也有无数的大船鼓满雪白的帆，拉
着满船的海产，由滇池外海驶进草海，
再驶过大观河，在篆塘夜泊。滇池是明
白易懂的。她就是昆明人的海。尽管是
湖，但她的深沉，她的波涛，都与海没
什么不同。

滇池，养育着这个城市的子民。

历史上，滇池一直是避暑的胜地；这里山、水、林、园皆备，
周围风景名胜众多。今天，滇池已经是一个无比时尚和浪漫的休闲
和度假天堂、最理想的居住环境和投资的极佳选择，现代都
市人的"第三空间"。

滇池，正在因滇池国家旅游度假区
的不断开拓，被赋予不一样的全新内涵。它
将是这个城市新的记忆。

◉ 通往幸福的大道

滇池路被昆明人称为幸福大道，是完全有道理的。

在昆明，滇池路是植被、空气和路况最好的道路之一。它一头连接着昆明市中心，另一头连接着休闲胜地滇池国家旅游度假区。

经过十多年的发展，滇池国家旅游度假区已经成为昆明人休闲游乐的后花园。云南民族村、云南民族博物馆、袁晓岑艺术园、怡景园酒店、滇池温泉花园酒店、海埂公园、红塔体育中心、海埂体育训练中心、各个别墅区、滇池春天温泉会馆、众多疗养院、西贡码头美食城等，既相联成片又相对独立，互为依托，是游览、娱乐、度假的理想场所。

滇池路，幸福大道，是通往滇池国家旅游度假区幸福天堂的大道。

滇池国家旅游度假区周围还有睡美人西山国家森林公园、大观公园等隔水相望。

如今，滇池度假区已经是年游客接待量近600万、年均旅游消费总额达到60亿的黄金区域。袁晓岑美术馆、杨丽萍大剧院、聂耳音乐厅、赵青"时尚滇池"、大友普洱茶博物馆等众多文化设施，也使这里成为昆明休闲、旅游康体健身及文化艺术体验的重要区域。

DIANCHI ROAD

●昆明人的精神家园

　　滇池，位于昆明城南郊，是云贵高原最大的高原淡水湖泊，处于长江、珠江和红河三大水系的分水岭地带，属长江水系上源之一。站在西山顶上，眺望滇池水域，烟波浩淼，苍苍茫茫，俨如高原上镶嵌的一颗晶莹灿烂的明珠。

　　滇池之滨四季如春，山川湖水，庙宇古迹，文化遗址，以及多民族的人文风情等等，吸引了大批中外客人。

在300万年前，地质历史上划作新第三纪时期，由于受喜马拉雅山地壳造山运动的影响，在形成南北向断裂构造控制下，因地壳凹陷，形成断落性质的沉积盆地，盆地中汇集大量的水源，形成了古滇池。

历史上的滇池流域是茂密的常绿阔叶林区。浩瀚的滇池，不仅创造了灿烂的滇中文化，还造就了中国历史上一位伟大的航海家——郑和，由于从小在滇池边长大的缘故，当他面对蓝色的大海时，从不畏惧。他曾率领庞大的船队，7次出使西洋，访问了30多个国家和地区，比欧美的麦哲伦环球航行早了100年。

HAIGENG

"五百里滇池奔来眼底，披襟岸帻，喜茫茫空阔无边……" 孙髯翁曾以滇池为背景，写下著名的海内第一长联。

● 海埂　记忆之城

　　说海埂是昆明人的心灵港湾和记忆之城，恐怕没有人反对。它最直接的载体，就是海埂公园。

　　海埂，顾名思义，就是横海之埂，原是一条由东向西濒临滇池和草海的楔形长堤。东起海埂村，西迄西山脚，它把五百里的滇池一分为二：埂南为浩淼的滇池，埂北为"草海"。这里绿树成荫，碧波荡漾，渔舟风帆，园林景色与池畔渔村融为一体，景色迷人。

　　昆明人以前打渔、出海，都是在海埂。到海埂游泳也是很多昆明人夏天的首选。这里还出产一种昆明特有的海菜花。海菜花在农贸市场上像大白菜一样摆着卖，滇池附近的渔民还把它做成咸菜，就是美味的"海菜鲊"。

　　渔帆点点，鸥雁翩翩。

　　昆明人习惯逢年过节或周末假期逛逛海埂，不去海埂，就像少了点什么一样。

　　一家老少，奔赴海埂。乘凉，游泳，看海鸥，吃自助烧烤，来点小吃和饮料。孩子们可以去儿童游乐城玩个够，喜欢安静的孩子，可以去沙池里面堆沙雕。老人们则唠嗑点家长里短。

　　现在的城里人好像都特喜欢养宠物，遗憾的是很多公园都拒绝宠物入内。但海埂是例外的。宠物爸妈聚在一起念宠物经，是海埂公园里的一道亮丽风景。这里还经常进行宠物大赛。那时候，各种宠物齐聚，八仙过海般各显神通，才叫一个热闹。

HAIGENG
记忆之城

　　昆明人习惯逢年
过节或周末假期逛逛海
埂，不去海埂，就像少
了点什么一样。

　　昆明人喜欢去海埂谈恋爱，海埂的环境确实是没地方可比。市中心的翠湖和滇池边上的海埂，是昆明的两大情人公园。樱花道、紫藤花，这些都是恋人们非常喜欢的情调。很多情侣结婚的时候，都要去海埂拍摄婚纱照。

　　这里现在越来越重情调啦，休闲娱乐设施比比皆是。有私家车的，去汽车影院看看电影，来点儿小零食。

金海岸西餐厅、西门酒廊、阳光码头酒吧，还有即将投入使用的时尚滇池……浪漫垂手可得，海埂已经逐渐成为昆明的时尚地标。滇池最先时尚和浪漫起来，也是海埂公园的酒吧和西餐厅引领的头。

不管时代如何发展，海埂承载的，都是我们最日常的情感和记忆。它就是我们的记忆之城。

名称	海埂公园
门票	8元/张
交通	73、44路公交车到海埂或民族村下，A1路到云南民族博物馆站下车即到。从市中心开车约半小时到，从市中心打车，约莫30～45元人民币。
特色	1.自助烧烤是自己带食物，海埂公园提供工具、炭火和桌子，收费50元/桌，可以使用4个小时。 2.汽车影院不收电影票钱，买门票进入公园后，只需交5块钱/辆车的停车费就可以看到最新的电影。电影分两边放映，片子会有不同，可以随意选择。 3.汽车影院出售各种小零食和咖啡，价格从几元到二三十元不等。 4.公园内有卖小吃的地方，烧烤、炒饭、面条和米线，价格跟城里差不多。
电话	86-871-4311056 4311627

彩云南边的普罗旺斯

　　如果一定要在云南找一个和法国普罗旺斯气质相近的地方，那么只能是滇池。因为这里是那么休闲、优雅，并有着无与伦比的浪漫气质和氛围。

　　春天滇池飘絮，揽一朵飞絮做新娘；夏天在海埂情人堤，完成一个清凉的美梦；秋天，滇池夜月是最唯美的传说，我很想像那一群传说中的猴子，捞起水中的那一轮月亮，做我一生的童话；冬天，那些来自西伯利亚的红嘴鸥，是我们所有人亲密的情人。

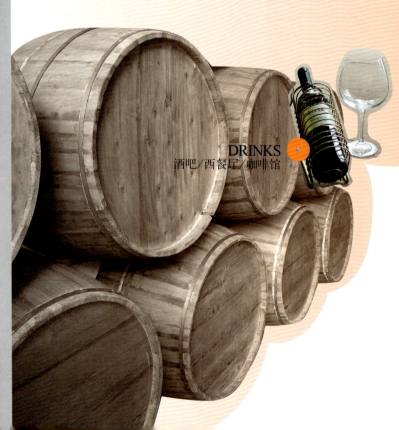

DRINKS

酒吧/西餐厅/咖啡馆

TEA
茶室

NATURAL VIEW
自然风光 休闲踏青

那一世的浪漫樱花，飘落在谁的心里？那些美丽的刺桐，又为谁而红？

无能为力的爱恋与忧伤。

西门里的江湖，阳光码头的青春，金海岸的异国恋曲。夜游滇池，红酒醉了谁的吻，都是一地的伤心之人。

我们到外滩一号，到睡美人餐厅，到西贡码头……食色性也，美食是爱情最好的催化剂。时候一到，我们去云南民族村的民族餐厅结婚吧。

在玛达咪里给我要一杯咖啡，让我用它来祭奠那些曾经随风而逝的爱情。他们就像水幕电影，只是暂时的娱乐和演出。而我，想和你把未来的日子，过成杨丽萍的作品，原生态，经典，而且永恒。

彩云南边的普罗旺斯，唯有你是我的地老天荒。

FOODS
餐厅

SPRING
春天滇池飘絮 揽一朵飞絮做新娘

传说中有一种比翼鸟，它的一生都只能在天上飞。一停下来，它就死了。

每年春天在滇池海埂看到那些飘飞的柳絮，我都会想，它们是不是比翼鸟的化身。有着那么美那么美的姿势，却总让人觉得伤感，忍不住泪流满面。

在柳树上的时候，它们是欢快的，如纯净的少女。随风舞着身子，挂在树上，像细碎的铃铛。它们是如此乖巧，连欢快地唱歌跳舞的时候，都没有一点声音，生怕搅扰了别人的梦境。

有些人，永远只能遥遥相望。即便万千深情，彼此的眼中都只有对方一人，也只能在彼岸，盈盈一水间，脉脉不得语。

但少女，总是要怀春的。飘絮渐渐有了心事。当它从一朵小铃铛长成盛开的模样，心事也流泻而出。它要面临离别了，将从枝头，以飞舞的姿势，从空中零落到地面。

　　那样哀婉的忧伤。它哭泣着飞舞，整个身子都变成眼泪的模样。

　　它飘过温暖质朴的老树，飘过熙攘往来的人群，飘过风儿，飘过擦肩而过的云朵，飘过往昔的爱恋，飘过过往的种种……

　　人群里，它看到人们眼中的哀伤。于是，轻轻一笑，纵身，化为花雨，零落着地……

　　如果我是男子，我会揽那些哭泣的柳絮做新娘，哪怕，只是小小的一朵。

SUMMER
夏日海埂 清凉一梦

相信很多人都会选择昆明度夏。谁让这里是春城呢？最热的时候，绝大多数也不会超过28℃。一到28℃，大多昆明人就熬不住了，一个劲儿地叫热。

叫得外地人撇嘴，你们被昆明的天气宠得太不知天高地厚啦。

但昆明人习惯一面自豪，一面继续嚷着好热。谁让咱们的条件这么得天独厚呢？

如果在昆明还要选在哪里度夏，那么我选滇池海埂，在那里清清凉凉地做一梦。

昆明已经够凉快了，可滇池和海埂竟然比城中心还低2℃，凉爽得不像话。夏夜，一家人在大树下乘着凉，围在一起，听老人或有学问的人讲故事，是很多人回不去的童年怀念。在滇池，这个梦想可以轻易地实现。海埂公园里，有的是大树古树让你乘凉。

岂止可以乘凉，你还可以带着帐篷到这里过夜。或者自己带个吊床，往树上一拴，就可以大摇大摆地睡在里面做梦去。

如果你觉得自己带东西很麻烦的话，滇池有的是好酒店让你选。怡景园、滇池温泉花园酒店、滇池大酒店等等，到处都可以让你住得舒舒服服。喜欢玩水的，到滇池春天或者滇池温泉花园酒店的温泉泡上两小时，舒服得像睡在水做成的棉被里一样。

滇池海埂的夏天，就是这么清凉。

AUTUMN
秋天滇池夜月 捞一轮月亮做童话

　　滇池夜月老早就非常有名了，是昆明老八景和新十六景中的一景。每年中秋节，昆明人都习惯到滇池边上看月亮。尤其是海埂，创造过十万人同过中秋看月亮的记录。

　　"山转帆千片，波灯月一丸。"说的就是滇池夜月。

　　天边晚霞尚未退尽，圆圆的月亮已挂在空中，日月之辉在滇池水面交相辉映，给草海边的芦苇湿地点染上翠羽丹霞的诗情。船出了草海，天空拉起了星光的夜幕，天上一轮月亮，洒下满湖银色光芒，水中一轮月亮，在波涛中跳跃，正是"白月随人相上下，青天在水与沉浮。"

　　滇池海埂的月亮，照亮了昆明人无数的童话。

　　忽然想起那小学课文上那群可爱的猴子——

　　有只小猴子在井边玩。他往井里一看，里面有个月亮。小猴子叫起来：

"糟啦，糟啦！月亮掉在井里啦！"

大猴子听见了，跑过来一看，跟着叫起来："糟啦，糟啦！月亮掉在井里啦！"

老猴子听见了，跑过来一看，也跟着叫起来："糟啦，糟啦！月亮掉在井里啦！"

附近的猴子听见了，都跑过来看。大家跟着叫起来："糟啦，糟啦！月亮掉在井里啦！咱们快把它捞上来！"

猴子们爬上了井旁边的大树。老猴子倒挂在树上，拉住大猴子的脚。大猴子也倒挂着，拉住另一只猴子的脚。猴子们就这样一只接一只，一直挂到井里头，小猴子挂在最下边。

小猴子伸手去捞月亮。手刚碰到水，月亮就不见了。

老猴子一抬头，看见月亮还在天上。他喘着气，说："不用捞了，不用捞了，月亮好好地挂在天上呢！"

现在的城里，除了动物园就已经没有猴子了。但如果有一只猴子，陪我共游滇池海埂，又恰巧要去捞月亮的话。我愿意跟它做一回同谋，它捞月亮的时候，我帮忙拽住它的尾巴。把月亮捞起来的话，让它挂我的心上好了。

月亮注定是捞不起来的，它永远在天上和水里。但那一捞，我们的心里，已经有轮明月。

AUTUMN
秋天滇池

WINTER
冬天滇池嬉鸥 来自西伯利亚的情人

1985年，对于昆明人来说是充满奇迹的一年。因为这一年，一群红嘴鸥不远万里地，飞越乌拉尔山脉，从寒冷的西伯利亚，来到昆明过冬。从此，本就秀丽的昆明，又多了一道亮丽的风景，并从此成为昆明的城市形象名片之一。

滇池草海长堤、海埂公园等地方，都成为冬天嬉鸥的绝佳场所。滇池度假区更是每年都会在元旦前后至春节这段时间举行海鸥节，举行各种盛大的活动。每年的元旦，是昆明的海鸥日。

冬天到昆明来看鸥，享受昆明冬季温暖的阳光，参与到人鸥和谐的昆明，喂海鸥，越来越受到游客们的欢迎。"昆明观鸥风情之旅"，更是把昆明的海鸥与云南民族风情捆绑销售。

如今，到昆明的海鸥每年已达近四万只。而滇池，则是它们白天的主要停留地和夜晚的栖息地。所以，滇池观鸥是最能够与海鸥融为一体的。在滇池的草海长堤和海埂公园，都可以坐游船出滇池观鸥摄鸥，草海长堤滇池码头是50元半小时，海埂公园的价格也应该差不多。

游滇池，拍海鸥，看睡美人。慢慢享受吧。

我要特别和你说的，是一位奶奶，我们姑且称她为"海鸥奶奶"吧。

没人知道海鸥奶奶姓甚名谁，但到草海长堤稍微多一些的人，都常会看到这样一种场景：每天，一位老奶奶都会带着自己做的鸥粮，来喂海鸥。海鸥们都已经认识她了，每次看到她一来，都会像迎接亲人归来似的朝她飞去。

在海鸥奶奶眼里，海鸥就像她的孩子或孙子们一样，她无条件的宠爱它们，照顾它们。秋尽冬来的时候，她欢迎这些孩子们回家；等春尽夏将来临，她送走最后一批孩子，让它们回到西伯利亚过夏。然后轮回每年的等待和思念。

"海鸥奶奶"

自然风光 休闲踏青

　　我知道，海鸥也是会思念的。它们也会思念这座城市，和这座城市里把它们当做亲人的人。不然，它们不会年复一年地来。只有离家的儿女，回家才会回得这么勤，这么自在，风雪无阻。

　　很是佩服这个城市的人，他们能够把纯粹远方来的客人，变成自己的亲人，无私地关爱它们，自发地掏钱买鸥粮或捐款，让它们像在家里一样。人鸥和谐相处，人鸥之约，二十多年来从未间断过。并且，每年来的海鸥数量，都在增加。昆明也因此获得中国红嘴鸥之乡的美誉。

　　每一个市民心里，海鸥都是他们的亲人，海鸥奶奶就是一个典型。

　　如果你是外地人，来到昆明滇池的话，记得要像每一个昆明人一样，买一些昆明专为海鸥制造的鸥粮（面包），去喂养这些精灵。

　　予人玫瑰，手留余香；给鸥喂粮，你会理解昆明人、滇池和海鸥之间的情感，有多么天下无双。

SUKURA
樱花道 那一世的浪漫樱花

樱花除了在日本扎根，还在中国"大肆繁殖"。中国看樱花最漂亮的两个城市，一是武汉，二是昆明。昆明又分春天圆通山和海埂，冬天云南民族村的冬樱花。前两处都在山上，而海埂，因为滇池，意境似乎与樱花更贴切。

海埂樱花道上的落英，每年都绚烂之极。

在小说里，盛开时绝美、而花期短暂的樱花，常用来形容那些激情似火但无美好结果的爱情。但在电影《浪漫樱花》里，我却看到了樱花般唯美的浪漫爱情。

一个教舞蹈的男孩，因为天生严重色盲，一直活在一个没有任何色彩的灰色世界里，更令他遭受到感情的创伤。有一天，他遇到一个和自己一起跳功夫舞步的女孩，他第一次有了"颜色"的感觉。他看着她的时候，觉得她是彩色的。

他的世界，因她而缤纷。她终于还是走了，要去和另一个人完婚。她要的是一段激烈无悔的爱情、有若明治神宫前的樱花般璀璨。她曾问他，爱情分两种，一种是松柏型的，细水长流，绿树常青；一种是樱花型的，璀璨至极但瞬间即逝，你选哪一种？

FLOWER
刺桐为谁而红

　　滇池度假区里，有很多美丽的刺桐。怡景园酒店、滇池春天温泉会馆、以及很多疗养院，都有这种叫刺桐的树木。

　　刺桐最高的可以达到20米，粗壮的枝干和硕大的叶子旁边，一年四季都开着美丽的红色花朵，花冠达到六七厘米。因为气质很像舒婷《致橡树》里的木棉，所以，在不知道它的名字之前，我一直以为它就是木棉花。

　　它那么红，那么特立独行，高高地矗立在大地之上。它肯定是有同伴的，只是，我们都听不懂它们的语言。

　　根，相握在地下；叶，相触在云里。红硕的花朵，像沉重的叹息，又像英勇的火炬。它们分担寒潮风雷霹雳，共享雾霭流岚虹霓；仿佛永远分离，却又终身相依。

　　为谁而红，是只有刺桐自己才知道的答案。

　　他终于追回了自己心爱的女子，在明治神宫前为自己争取了一次樱花般绚丽的爱情。郭富城演的他对张柏芝演的她高声说：你不是问过我一个问题吗，我现在有答案了，我选樱花！

　　那些浪漫的樱花，飘落在风中和地上，也飘落在我们心里。

樱花瓣飘落在滇池的水上，你有没为它们心痛过？

　　熬不过暮春的樱花，抓不紧就会被阳光蒸发的爱情。

　　只有抓紧，才会灿烂。

　　赶紧牵手吧，你还等什么呀？乖乖隆地咚……

◉ 女子骑巡队
亮剑红颜

女人也曾骑马纵横，
金戈铁马，决战沙场。
红拂夜奔，马承载的是爱情。
武则天训"狮子骢"，
是代表武则天一个性格侧面的
完美案例。
滇池度假区女子骑巡队，书写
的则是性感和英姿飒爽。
红颜亮剑，谁与争锋。

亮剑

女人和马的一见钟情

晨曦中，赵亮已经开始在训练骑巡队的队员们。她的面前，青一色的十个女子，十匹马。

这是滇池旅游度假区的女子骑巡队。作为队长，赵亮已经在这里度过了7年。7年的时光，赵亮从一个刚从学校毕业、满怀憧憬的女孩，成长为现在这从容淡定、具有"大将风度"的女子，在骑巡队度过了一个女子一生中最为青春的时光。

2001年，赵亮还是一名刚从北京林业大学毕业的女大学生。正在找工作的时候，忽然看到滇池国家旅游度假区要组建女子骑巡队、正在招聘骑警的信息。这个信息，一下就勾起了她少女时期的记忆。

那是在上高中时，有一天，赵亮在电视上看到一则新闻：大连成立全国首支女子骑警队。女警们在马上的飒爽英姿，瞬间就征服了赵亮的心。这个小女子，通过电视屏幕，与马一见钟情。

她一直梦想着自己能够成为一名骑警，但从未想过自己真的会有这样的机会。如今，机会来到了眼前，赵亮决定无论如何也要一试。尽管在这之前只在金殿骑过两次马，赵亮还是毅然地去应聘了骑巡队，放弃了当时炙手可热的计算机专业。

凭着高挑修长的身材、美丽娴静的优雅气质，以及对马的热爱，赵亮顺利地过了初选。

马如兄弟

　　接下来是异常艰苦的训练。体能和马术训练，是最基本的要求。很快，赵亮就能够自如地策马如风，并正式成为一名骑巡队员。

　　2001年12月6日，昆明滇池国家旅游度假区女子骑巡队正式成立亮相。为慵懒的昆明城书写了新的气质，引起阵阵喝彩。

　　此后，骑巡队多次到其他城市和国外演出，都获得了非常高的荣誉和评价。赵亮也和她的"搭档"成了形影不离的伙伴。

　　既然是骑巡队，赵亮的"搭档"当然是马。赵亮叫它"小白脸"。因为它有着从脑门到鼻子的漂亮白斑，与马有关的专业术语里，把这叫做"银针插鼻"。在骑巡队里，每一匹马都有自己的名字。小白脸是这些马中长得最"子弟"、项目最全的马。赵亮一进骑巡队就和它是搭档，一做就是6年，直到2007年8月，赵亮赴法国演出。

　　这次演出的时间是两个月，走的时候，"小白脸"一切正常。演出到中途的时候，她却忽然接到国内的电话，"小白脸"忽患肠梗阻，去世了。赵亮在法国失声痛哭。

　　在她的心里，"小白脸"就像她的一个亲人，跟弟弟一般。6年来，他们一起相伴过近两千多个日子，一起到太多的地方演出过。那是他们彼此一生中最为闪亮的岁月。

第一个马妈妈

7年来，赵亮从一名普通的骑巡队员，成长为骑巡队的队长。11匹马，10个队员，是她的全部家当。巡逻、演出，每天天不亮就带领队员们训练，赵亮已经习惯了这种半军事化的生活。

队里的姑娘们，最大的22岁，最小的才18岁。赵亮除了是她们的教练和统领，还是她们的大姐和"家长"。

队里的马，大多是关中马。秦始皇骑的就是这种马。这两年，新进了两匹伊犁马，但关中马仍是主角。现在，一匹叫"槟榔"的马已经怀孕，是骑巡队里的第一个马妈妈。明年八九月，骑巡队就将因小马驹的出生而"添丁进口"。

赵亮说，"槟榔"进骑巡队之前，是在民族村"摩梭之家"跳盛装舞的，所以它生的小马驹，也一定和妈妈一样漂亮。

说到马，人们总爱把它和男人联系到一起。其实女人与马，也是渊源颇深。

女人也曾骑马驰骋疆场。

古时的第一位女将军妇好、唐朝李世民的女儿、协助父亲取得天下的平阳公主，还有杨门女将们……她们若不是马术高手，决不可铁马金戈、决战沙场。

红拂夜奔，马承载的是爱情。

武则天训"狮子骢"，在历史上非常有名。那是代表武则天一个性格侧面的完美案例。

滇池度假区骑巡队，书写的是性感和英姿飒爽。

如果你跟我一样嗜马如命，那么去滇池，欣赏骑巡队的英姿吧。

红颜亮剑，谁与争锋。

提示

女子骑巡队每天早上在滇池度假区或民族村主游路段巡游，是一道靓丽的风景线。骑巡队可对外提供表演，也在民族村内提供游客骑马业务（30元／圈）。

地点　滇池度假区民族村内蒙古寨旁

电话　86-871-4311142

⦿ 酒吧/西餐厅/咖啡馆

　　一个时尚浪漫、优雅和讲究品位的地方，酒吧、西餐厅和咖啡馆总是必不可少的。滇池度假区被小资、中产阶级以及富豪们极力追捧，也是在有了这些浪漫和品味元素之后。

　　这是一些适合邂逅、发呆和冥想的地方。讲究私密性和独特风格。已经扎根多年的，正在建设还未投入使用的，滇池度假区都在这上面做足了文章。

　　西门酒廊、金海岸主题餐吧、阳光码头、玛达咪咖啡屋……对每一家的风格，我都了如指掌。一个一个地带你去吧。

每个人心里，都有无能为力的伤。
总有一些思念，永远不能被成全。
但挑一个喜欢的地方邂逅和发呆，
我们却可以自己成全自己。

西门 ——一对情侣的酒吧江湖

■地点：海埂公园西门酒廊

江湖依旧，照旧有停留与离别。梦想、流浪四方，总有人想着很多地方还没有去，总有人有一些心愿未了。花花肠子，到西门酒廊之后，总有被清洗的一天。廊主夫妇，看滚滚红尘，已练到竟自岿然不动。

西门？ 你说的是哪个西门？ 盖世武功的西门吹雪还是千古风流的西门庆？

为什么只能是他们当中的一个？ 不能是两个人一起么？ 什么？ 不可能？ 只能说明你见识太短。跟俺去西门酒廊走一遭吧。

这里的廊主，就用西门吹雪一般的盖世武功，成全了酒客食客们西门庆般的风流。

要说这西门酒廊，得先从廊主夫妇的来历说起。

廊主是一对夫妇，女子姓朱，单名一个莲字。男子胡姓，也是单名，曰敏。公元1998年，这小两口初出道，开始在昆明小西门旁的钱局街上混迹江湖，开了个酒馆，名曰西门。那时，钱局街是昆明的酒馆集中地，也是黑白各路江湖人物出没的地方。

在这种地方，武功低微自是不行。两口子日修苦炼，N年之后，终于在吸收各家武功所长的基础上，练就了双剑合璧的盖世西门神功。神功即出，各路对头纷纷藏匿，西门酒廊日日宾客盈门。

原因何也？乃因这夫妇俩身怀的绝技，不是日常拼杀的庸俗武功，乃是在酒馆中处处体现个性与功力的招数。宾客们享受之余，亦能学到许多招式。这样的酒馆，谁人不爱？

那朱女侠和胡家的公子，却日益厌倦了江湖纷争，萌生了隐退江湖的念头，准备隐居到世外桃源，日日过那神仙般的日子。

一夜之间，钱局街上的"西门"消失不见了。江湖上传言纷纷。直到近两百日后，一位酒侠，也是这对夫妇的朋友，忽然在滇池边、睡美人山对面一个叫海埂的僻静之处，发现了一处神秘的居所，门上竟写着"西门酒廊"。

酒侠大骇，推门而入，朱胡夫妇笑脸迎出："老兄，今日月色正

041

名称 | 西门酒廊

海埂公园第一家西餐厅和酒吧，大约也是滇池度假区第一家。西门酒廊在海埂诞生时，此地还属于偏远地带。可以说，西门酒廊是此地热闹起来的带头人和领头羊，以滇味西餐和各种动人的小细节长期吸引着大批回头客。

酒廊的两面都是漂亮的湖景。

酒主要来自法国、澳洲和德国。

咖啡全部是正宗的进口咖啡。

朱女侠好甜，胡公子爱咸。于是，有了一半甜一半咸的PIZZA。

……

一道菜，就是一个绝招。武功修炼无止境，渐渐，他们发明的招式，多到自己也记不完全。

那酒侠找上门来之际，夫妇俩正在试菜品酒。

三人，五六个夫妇俩发明的菜。源自法国蓝血家族的No.5干红葡萄酒，爱尔兰的健尼士黑啤……

"花间一壶酒，独酌无相亲。举杯邀明月，对影成三人。月既不解饮，影徒随我身。暂伴月将影，行乐须及春。我歌月徘徊，我舞影零乱。醒时同交欢，醉后各分散。永结无情游，相期邈云汉。"李太白醉了千年，不愿醒来。他们也不愿醒。

"且就洞庭赊月色，将船买酒白云边。"太白同学不赊酒，却要赊月色。而今夜，举杯对影成三人，酒与月色，皆不欠。

那酒侠在此大醉三日之后，回头在江湖上吆喝：西门酒廊夫妇绝招更甚从前了。廊主夫妇俩的那些江湖好友，闻风而至。朱女侠与胡公子，又皆是好客之士，来者不拒，竟是日日宾客盈门。

时日一久，这原本偏僻之处，竟然熙熙攘攘地无比热闹起来。好多家酒馆，想沾这人气，也搬到了海埂，这里竟成了昆明城里酒客食客们最新最时髦的去处。

看来隐居是不成了，朱女侠和胡公子，又回到了江湖。

隐起来的，是那颗心。大隐隐于市，这份心境也许只有朱女侠和胡公子最明白。

江湖依旧，照旧有停留与离别。梦想，流浪四方，总有人想着很多地方还没有去，总有人有一些心愿未了。花花肠子，到西门酒廊之后，总有被清洗的一天。廊主夫妇，看滚滚红尘，已练到竟自岿然不动。

出道，练功，隐退，重出江湖，岿然不动。这是朱女侠和胡公子的故事，也是西门酒廊的故事。

● 酒吧/西餐厅/咖啡馆

你还想知道更多？这些江湖故事，哪里说得完？俺小女子一个说书人，知道的也就这些啦。你还是自己去西门一遭，亲自听去吧。

说书完毕！小女子去也！

特色招牌菜：

滇味西餐、一半甜一半咸的情侣PIZZA、源自法国蓝血家族的No.5干红葡萄酒，爱尔兰的健尼士黑啤……

至尊披萨（半甜半咸的情侣PIZZA）　58元
泰式海鲜火锅　98元/锅　　双人份
泰式酸辣汤（冬阴功汤）　26元/份
巧克力火锅　99元/锅　2～4人份　从哈根达斯学过来的
素食披萨　48元/份

特别细节：

西门酒廊因为有个注重品质和细节、善于营造浪漫氛围的老板娘朱莲，餐厅的很多细节和布置都可谓此处独有。
桌上拥抱在一起、名叫"守望"的小玩偶，既温暖好看，实际上又可装盐和糖。
细心的顾客会发现菜单和酒水单上，都有很时尚的朱德庸式漫画和带着小情绪的话语，温情脉脉，偶尔带着点小伤感，却总是能牵动人心。很多人就是因为这些小话语而被牵着做了回头客。这些话语和创意，都出自老板娘朱莲之手。如果是"好摄之徒"，知性熟女的老板娘会是最好的模特。当然，前提是她愿意。
精彩的细节在西门酒廊随处可见，俺可说不完，你还是自己去发现吧。

消费　一般人均50～100元人民币左右。包间最低消费480元/间。
可刷银联卡

交通　73、44路公交车到海埂或民族村下，A1路到云南民族博物馆站下，进海埂公园大门约100米即是。从市中心开车约半小时到，从市中心打车，约莫30～45元人民币。

地址　海埂公园内
电话　86-871-4312860

金海岸

≡地点：进海埂公园大门约80米即是

在多数昆明人对西餐还停留在所说和在电视上看过时，以金海岸等为代表的昆明第一批西餐厅在昆明诞生、且各有特色。他们是昆明西餐和与西餐密切相关的红酒普及运动的先驱。

换句话说，是以金海岸为代表的先行者，教会了昆明人怎么吃西餐。

金海岸最先扎根的地方，是昆明以浪漫著称的翠湖边。只看店名，就给人一种在海边的沙滩上散步的感觉，与翠湖气质恰到好处地契合。

随着昆明另一个浪漫之地海埂在昆明人休闲中的位置越来越重，金海岸红酒西餐吧海埂店于2006年7月15日在海埂公园扎根，坐北朝南，前后临滇池。温馨浪漫的室内布置配以现代简洁的建筑风格，内设滇池海景VIP包房，让西山睡美人和滇池美景尽收眼底，坐在滇池湖畔之边，徐徐的海风迎面而来，意式的美食缠绕着你的味蕾……

来到金海岸，酒是必不可少的。法国、澳洲及世界各地的优质葡萄酒以及各种洋酒，完美结合，让人欲罢不能。

在这里的餐单上，还会看到红酒起源的介绍：相传在公元前7000多年，欧洲的一个国王十分喜欢吃各种各样的葡萄。每次葡萄收获的季节，大臣都会进贡很多葡萄给国王，国王把吃不完的葡萄存放在一个密封的容器里，经过一段时间，葡萄就自然发酵变成深红色并带酸涩味的液体。国王惊奇地发现，饮用这种液体能使人飘飘欲仙，于是就把这种方法传授给酿酒师。经过数千年的演变，现在红酒已成为一种时尚与浪漫的文化。

过了这么多年，金海岸还是贴心地履行着"普及"的义务。时尚无止境，普及也就会永远继续下去啦。看来想要了解点时尚和新的时髦西餐，还得来金海岸，谁叫他们不只是给你提供美妙的红酒和西餐，还能让你在享受的时候顺便长见识呢？

◉ 酒吧/西餐厅/咖啡馆

金海岸

　　昆明首批西餐厅之一，以提供正宗意大利美食为特色，可以说是昆明西餐和红酒普及运动的先驱。现在也提供精致中餐。目前在昆明有两家店，一家在翠湖，另一家在我们向你介绍的海埂，店内设20余个停车位。

　　餐厅走怀旧风格，两面都是湖景。

　　红酒主要来自法国和澳洲，最便宜的198/瓶，贵的上万元。

特色招牌菜：

西餐：三文鱼刺身、香煎鲍鱼、澳洲顶级牛柳

中餐：重庆口水鸡、栗子菜心、酸汤肥牛卷、蟹黄豆花、酸菜牛蛙煲

消费 两人消费牛排、沙拉、汤和红酒，一般约为300元。其他人次可以参考此价格。

可刷银联卡

交通 73、44路公交车到海埂或民族村下，A1路到云南民族博物馆站下，进海埂公园大门约80米即是。从市中心开车约半小时到，从市中心打车，约莫30～45元人民币。

地址 海埂公园内

电话 86-871-4313876

Http:www.jhaxcb.cn

● 酒吧／西餐厅／咖啡馆

阳光码头　青春期夏至未至

■地点：海埂公园阳光码头酒吧

爱情烟一样地被风吹散。**青春期最后的夏天，**
爱人散场。看花的人，变成了黛玉般葬花的人。
流年未亡，夏日已尽。
那些男孩，教会我成长；那些女孩，教会我爱。

深夜，笑颜如花散场

七月，夏至未至。我在海埂公园阳光码头酒吧二楼的天台上，喝着一瓶啤酒，随着Hip-Hop音乐狂舞。迷离闪烁的灯光中，我看到宋宋默默地坐在一角，望着黑暗的滇池发呆。

还有几天，我们就将离开生活学习了四年的大学，奔赴未来渺茫的社会。夏至已经过了许久，但在我心里，这一年的夏至，始终未来。

也许，是我们都不想面对别离吧。

三年前，也是在这个酒吧，我遇见宋宋。她是我第一个爱上的女孩。彼时，我还是一个泡吧的菜鸟。局促地坐在阳光码头外间的静吧，隔着玻璃，我看到一个女孩，穿着妖娆的豹裙，在吧台前随意地起舞。又或者，她只是在比较欢快地走路。

后来我才知道，对于优秀的舞蹈人来说，走路的时候，都会不自觉地带着韵律。那个女孩，就属于此种。

那一晚，我的目光，没离开过她。

深夜快散场的时候，女孩朝我走过来，笑颜如花。

我内心里狂潮肆虐。

那个女孩，是宋宋。

葬花，灼热刻骨铭心

彼此离散的日子，终于来临。那是我一直恐惧着的夏天。

多少校园里的爱情，都随着毕业烟一样地被风吹散。夏至过后的七月，就是我们离别的时刻。那些放肆的青春，将被画上休止符。

宋宋一脸明媚，白衣黑发，出现在我前面的岔路口。

我们都面对现实吧。她简单地说。可我从她的脸上，分明看到了忧伤。

所有的爱，所有的恨，所有大雨里潮湿的回忆，所有的花朵，所有的眼泪和拥抱，所有刻骨铭心的灼热年华，所有繁盛而离散的生命，都注定在这个即将到来的夏天，一起扑向盛大的消亡。

离别，花儿离开枝头般的心痛。

曾经看花的我们，变成了黛玉般葬花的人。

阳光码头酒吧的经理，有着漂亮的细长眼睛。笑起来的时候，像年轻二十岁的巩汉林。他人非常时尚，有着大男孩的羞涩，内里却隐藏着成熟男人的雄心。

这样一个言语不多的大男孩，竟然曾经是一名武警军人。

也许每个人，都有着极致的两面。

他也许看多了这样的别离，只是默默地，替我们做好所能想到的一切服务工作。这是他的关爱方式。

经历过离别的人，都会因它而黯然。

我忽然很想跟他喝一杯酒，和这见证过我爱情和绚烂青春的人。

透过迷离的灯光，我再次看着宋宋的脸，忽然有想哭的感觉。我爱的人，明年的今日，你在哪里，我又在哪里？

流年未亡，夏日已尽。

青春流转的岁月，身边的这些男孩，教会我成长；而宋宋，教会我爱。

日光，青春符号渐次开放

宋宋是艺术学院舞蹈系的学生。对Party和沙龙的热爱，也许是所有艺术系学生最显著的青春符号。他们常常在下午放学或者周末的时候，找一个能吃能喝能跳舞的地方，既娱乐，也增长自己的专业。阳光码头几近他们的活动基地。

因为宋宋，我成了这群人中的一员。

Hip-Hop、Reggae、House……阳光码头有非常棒的音乐。但宋宋更习惯自己带碟，利用酒吧的音响，练习自己喜欢的舞蹈。

我感受到真挚的友谊，跟宋宋以外的其他队员也成了非常好的朋友。我这个音乐盲，在他们的熏陶下竟然学会了打碟。每次宋宋随着音乐起舞，我给她打碟的时候，都觉得手指仿佛从前世复活。手指，在爱人面前，原来是有生命力的。

宋宋仿佛世界迸裂时的光芒，照耀了我曾经微茫的青春。细碎的花朵，在海埂公园的林中渐次开放。我们是最幸福的看花人。

阳光码头酒吧

滇池片区最适合年轻人去的酒吧，动静皆宜。一楼外边一间是静吧、里面一间是闹吧。隔音效果极好，喜欢静吧的大可放心。

酒吧提供Hip-Hop、Reggae、House等各种音乐。也可自带碟。酒吧提供音响和打碟服务。当然，如果你技艺足够高，完全可以自己打碟。

二楼可以举办能容纳30人的自助Party，可以自己带食物去烧烤，酒吧收取80元／次的炭火费。

酒以啤酒为主。

特色招牌食物：

酒吧自助Party的招牌食物是烤全羊（1200／只）和乳猪（600／只），其他还有各种水果披萨、炒饭、烩饭和小吃。

消费 人均最低消费100元／人。
可刷银联卡

交通 73、44路公交车到海埂或民族村下，A1路到云南民族博物馆站下，进海埂公园大门约150米即是。从市中心开车约半小时到，从市中心打车，约莫30~45元人民币。

地址 云南省昆明市滇池度假区海埂公园内左侧60米

电话 86-871-4316285

玛达咪咖啡屋　回归原生态

■ 地点：在云南民族村内、滇池大舞台对面。

　　最引人瞩目的是它的建筑风格，是一幢杆栏建筑风格的小木屋，并有传统瓦房一样的屋顶。当然，它的屋顶上盖的不是瓦，而是木头原木。

　　它的"第一层"，实际上应该是第二层。因为一层都"镂空"了。建筑灵感应该来自于云南乡下的少数民族建筑。在云南很多地方，习惯第一层关牲口，第二层住人。

　　在城市里，当然牲口是没得关啦，所以第一层做得很矮，大约一米吧，也不使用。咱直接用第二层，第一层吧，是为了保证原汁原味。

　　有兴趣的人还可以查一下，"玛达咪"是泸沽湖情歌中的一个感叹调。

　　咖啡屋里当然主要卖咖啡，好像貌似也卖啤酒。

时尚滇池
滇池的又一地标

■ 地点："时尚滇池"现在还没投入使用，在海埂公园里。

　　投入使用后，将是滇池湖畔的大型饮吧，其建筑灵感源于中国古典走廊的启迪与欧洲现代海滨建筑中观海酒吧的萌动，设计者在主体建筑中将古典建筑材料青砖与现代建筑材料玻璃大面积地搭配，形成虚实对比、凝重与通透的交流。

　　"时尚滇池"的设计根据原地形和植被，建筑主体内的树木一棵未动，统统被"包"进建筑中，成为建筑中的自然景观。

　　时尚滇池就像用玻璃和石头、钢铁写下的一首凝固的诗。它的建筑风格将成为度假区乃至昆明的一道风景，它独特的建筑文化内涵将会在滇池湖畔引领出一股强劲的"滨水文化"，成为滇池度假区的又一独特地标。

夜游滇池及滇池路
要的就是夜生活

■地点：滇池\滇池路

　　夜游滇池，是最近这几年才兴起来的昆明时尚。你只要问问那些咖啡馆、西餐厅和酒吧几点钟打烊就知道。告诉你吧，一般都是深夜2～3点，比市中心晚太多了。

时髦一族，要的就是夜生活。

　　夜晚的滇池，不但有酒吧西餐厅和咖啡馆可以去，还可以去民族村滇池大舞台看表演，滇池大舞台旁边夜晚在湖上放映的水幕电影，也是蛮吸引人的。如果开着车，海埂公园还有汽车影院，很多电影供你选择随便看。而且是两边同时放映，你想看哪边就看哪边。

　　泡着SPA看月亮也是不错的。

　　你如果只想走一下，那也可以呀，一样有大把的乐趣给你找。海埂公园和民族村这两个众所周知的地方就不用再介绍啦。我要给你介绍的另一个地方是滇池路。

　　可以说，夜晚的滇池路，比白天更美。

　　自滇池路全线到红塔东、西全线、观景路等11公里道路，都以多姿多彩、特色浓郁的夜景，吸引着人们的眼球。它将时尚、现代和富于云南民族文化内涵的雕塑及灯光亮化巧妙结合，使得滇池路成为一条黄金游览路。也正是这条路的连接，让滇池旅游度假区真正成为昆明人休闲玩乐的后花园。

● 茶室

喝茶 那一份宁静心境

踏春看花、隔窗听雨、赏枫望月、围炉候雪……
要喝茶，我只选择滇池。

普洱留香茶艺馆、颐和茶馆、云南大友普洱茶博
物馆、陈云贵茶楼、君语轩、金雨莊……这里的好茶
馆数不胜数，各种气质和氛围的茶楼都有。

普洱留香茶艺馆 把茶做得像艺术

普洱留香茶艺馆内最显眼的，就是那些像艺术品一样的普洱茶。它们被做成了各种造型，不再是单调的饼茶、沱茶或砖茶，而是做成了一片叶子、一个挂件、一个动物等各种形状。

名称 普洱留香茶艺馆
地址 滇池国家旅游度假区云南民族村内
电话 86-871-4312431

这样的茶，应该用来珍藏，反正我是不忍心把它们泡来喝掉。可它却实实在在是让人泡了喝的。而且这些普洱茶价格都比较便宜，一般也就是几十元至百元左右。最贵的一套茶，貌似达到一千二，但那一套里面有很多饼茶，平均下来，也就是每饼一百块的样子。

在普洱留香喝茶，是极惬意的。窗外是美丽的湖泊，对面是民族村风情十足的村寨。鸥飞过湖泊，湖面留痕；而人过，印记在我们心底。

金雨莊茶楼 平民路线

当然，时时刻刻讲品味和环境，是很累人的。有时候，在某个"高档"的地方呆一天，还不如找个烟火气息旺盛的地方待着舒服。因为后者有人气，会让你觉得这才是真实的生活。

西贡码头的金雨莊茶楼走的就是平民路线。在这里，茶不用品，要喝。一帮人，喝茶划拳打牌搓麻将，爱干嘛干嘛，想笑就笑，不高兴就走人。完全不用担心品味和面子这类虚伪的东西。

咱们都是普通的老百姓，这样的地方，这样的日子才让人觉着舒坦。

名称 金雨莊茶楼
最低消费50元/人
地址 昆明滇池国家旅游度假区西贡码头美食城内
电话 86-871-4315717

◉ 茶室

大友普洱茶博物馆是全国唯一一家政府认证的普洱茶博物馆。

江湖传闻，中国的普洱古茶至少一半以上都在大友普洱茶博物馆馆长廖义荣手中。

大友普洱茶博物馆
"普洱裁判"廖义荣的毕生心血

说起大友普洱茶博物馆，就不能不说到它的馆长廖义荣。江湖传闻，中国的普洱古茶至少一半以上都在廖义荣手中。

廖义荣被业内公认为"普洱裁判"。多年的钻研使他眼观汤色或闭目嗅味就能识别普洱茶的优劣。他懂得普洱茶的价值所在，廖义荣的普洱茶经营达到了他个人事业的高峰。后来他又陆续在台湾举办了五届国际普洱茶展及大小数百场茶道、茶艺分享会，目前在东南亚已有数百家加盟店。

茶室

　　廖义荣的经历颇具传奇色彩。出生于台湾乡村的他，父母都是农民。14岁上，他开始习武，教授他跆拳道的老师把普洱茶推荐给他，说品茗能帮他平复心绪，而心静才能练好武功。

　　廖义荣19岁即获得跆拳道三段，目前还是该项目的教练兼国际级裁判。虽是因武识普洱，廖义荣却从此与普洱茶结下了不解之缘。普洱茶使他深刻领悟到了茶道的宁静之美，并成为他生命中不可或缺的一个部分。

　　1989年，年仅22岁的廖义荣成立了大友茶叶有限公司，成为专门经营茶叶的商人，为此他辞去了薪酬不菲的教师工作。

　　近年来，普洱茶以其降脂减肥、消暑解毒的特殊功效，醇爽回甜的口味和"愈陈愈香"的收藏价值，受到越来越多人士的认识和喜爱，由此也带来了风行海内外的普洱茶收藏热。但早些年，由于种种历史原因，源于大陆的普洱文化曾一度产生断层危机，大量普洱老茶或直接或间接从大陆、港澳流转至台湾，大陆对普洱老茶保健功能的认识也比台湾晚了十几年。

名 称 云南大友普洱茶博物馆

在袁晓岑艺术园内，有两栋。第1栋为古茶展示，皆为非卖品。第2栋提供品饮和售卖，茶售价从100多元到几万元不等。喝茶为98元/泡，可泡多次。

交 通 44路或73路公交车到滇池度假区管委会或民族村下，约走400米即到。打车可直接到袁晓岑艺术园门口。从市中心开车约30分钟，打车约为45元人民币。

地 址 云南省昆明市红塔西路26号（袁晓岑艺术园内）

电 话 86-871-4318619

传 真 86-871-4310384

E-mail:dy858@126.com

Http:www.858tea.cn | www.dayoutea.cn

为维护和传承这项古老的中国茶道文化，多年来，廖义荣先后在东南亚、大陆、香港、澳门、马来西亚、日本等地寻遍各式优质普洱茶，并重现已失传70年的普洱制茶技法，陆续开发出单一茶山、茶菁的优质普洱茶饼。1989年，廖义荣还花费大量精力并斥资在台北陶艺之乡莺歌成立了台湾首座普洱茶博物馆。

普洱茶博物馆的诞生被看作是中国茶文化的一座新的里程碑。博物馆内收藏存放了四五十年甚至百年以上的普洱茶饼、茶砖、茶柱1000余种，其中不乏已有一百多年历史的知名同昌号黄文兴七子饼。为还原普洱茶的面貌，馆内除陈列展示茶产品之外，还以动态流程介绍说明茶品制成、选购、储存等六大步骤，使观者能品得普洱茶的真滋味。

普洱茶生在云南，却藏在香港，推广在台湾。带着对普洱茶的诸多疑问和对普洱文化的追寻，廖义荣又来到了普洱茶的原产地云南易武古镇。

2002年，廖义荣出版了《品味普洱》一书，至今这本书已经重印26次。而所有的版税，都被他捐献给了希望工程。他还曾与姜昆、张国立联手在北京老舍茶馆搞了一次义卖活动，其中的一筒七饼（2.5公斤）的普洱茶，被人以160万元拍走，而所得亦捐献给云南省的教育事业。

2004年6月，他不惜巨资在昆明建立大陆唯一一家普洱茶博物馆——云南大友普洱茶博物馆，使之成为台湾大友博物馆的姊妹馆。这是全国唯一一家政府认证的普洱茶博物馆。

至今，廖义荣已在全国各地建立了的103家云南大友普洱茶博物馆分馆。而中国台湾、香港，韩国所销售的普洱茶，有50%以上要出自"大友普洱茶"名下。

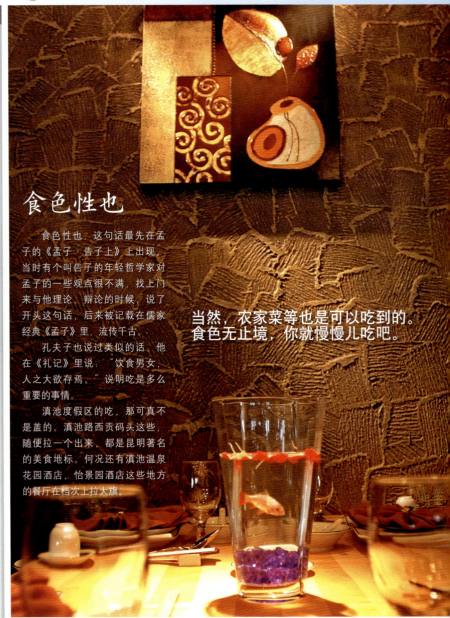

● 餐饮

食色性也

食色性也，这句话最先在孟子的《孟子·告子上》上出现。当时有个叫告子的年轻哲学家对孟子的一些观点很不满，找上门来与他理论。辩论的时候，说了开头这句话，后来被记载在儒家经典《孟子》里，流传千古。

孔夫子也说过类似的话，他在《礼记》里说："饮食男女，人之大欲存焉。"说明吃是多么重要的事情。

滇池度假区的吃，那可真不是盖的。滇池路西贡码头这些，随便拉一个出来，都是昆明著名的美食地标。何况还有滇池温泉花园酒店、怡景园酒店这些地方的餐厅在档次上拉大旗。

当然，农家菜等也是可以吃到的。食色无止境，你就慢慢儿吃吧。

滇池路

滇池路是昆明十六美食片区之一，原来是一条高档的海鲜街，近年来的发展开始多样化。

这条路上著名的餐厅、火锅店很多，主要有新龙门餐厅、维多利亚海鲜餐厅、香港连锁的彩蝶轩、外滩一号、小天鹅火锅旗舰店、巴将军火锅店、满庭芳餐厅、睡美人餐厅、乡村小榭、罗曼大酒店、吉兴隆烧鹅美食城、贵太郎日本餐厅、爱伲山庄、思茅人家、今日旺角、快乐海鲜、德庄海鲜酒楼、新人人海鲜酒楼、酒林、野战大兵烧烤等餐厅，历史最悠久、最著名、生意最好的餐厅，当属大坝鳝鱼庄，大众消费、香辣过瘾。

这个区域新开的高档餐厅还有红塔东路的天顺祥餐厅、广福路上的天鹅湖餐厅，它们皆是昆明南市区较为新的高档的时尚餐厅，以粤菜、鲍鱼鱼翅为主打产品。

这个区域的情调餐厅与高消费有关，钱包要越鼓越浪漫，新龙门、维多利亚海鲜餐厅、香港连锁的彩蝶轩、外滩一号、贵太郎日本餐厅等，环境与服务都十分棒，价格自然是也不会低，人均在500元以上，吃得就舒服。

如果即讲实惠、又讲浪漫的话，我们推荐海埂公园里面一家环境非常好的酒吧兼餐厅，叫西门酒廊，喝酒的人多于吃饭的人，吃的主要以西式菜肴为主。这里有汽车电影，可以开车去看露天的老电影。

● 餐饮

滇池温泉花园酒店餐厅

　　地涌金莲中餐厅饱览花园美色，汇聚神州各大菜系，力倡中华饮食文化，推出各具特色的佳宴，主推淮扬菜系。天开红玫西餐厅温馨、素雅，在叠泉绿影里品尝西式伴侣家庭套餐及各种西式特色菜肴。雅致的花园餐厅，提供西式特色菜肴和中西合璧自助餐。

名　称	滇池温泉花园酒店餐厅

酒店是四星，消费过四星酒店的，价格应该都心里有谱。

地址 电话	昆明市滇池路民族村正大门旁

86–871–4334666叫接线员转餐厅或拨分机号4019

外滩一号

　　休闲主题餐厅，名字就像船一样浪漫，装修有点像老上海的风格。定位是有品位人士推崇备至的社交、休闲用餐场所。餐厅面积共3000平方米，18间具有后现代都市主义风格的包间、25张散台和庭院花园，可容纳300多人同时就餐，可以举行大型宴会。

　　轮椅可以进店，有儿童专用椅。有停车位。

菜系：云南菜、川菜、湘菜、粤菜、泰国风味、西餐、火锅
招牌菜：黑椒牛仔骨、金沙汤圆、香芋酥、酸汤肥牛卷、花仁仔鸡、石锅板栗烧肉、小鲍仔、辣拌桃仁、美国牛仔骨、石锅乌鱼等。
饮料方面：他们自己制作的现榨玉米汁很好喝。

名　称	外滩一号
消费	人均160元/人　可刷银联卡
营业时间	10：00–21：00
交通	乘44、73路到西贡码头，再步行10分钟
地址	昆明市西山区滇池旅游度假区迎海路阳光外滩2号
订餐电话	86–871–4326669

怡景园餐厅

属于怡景园酒楼，主营滇菜、亦制作各地风味菜肴，如川菜、粤菜等，菜式多元化。

名称	怡景园餐厅
酒店是四星，价格和滇池温泉花园酒店差不多。

地址	昆明市滇池路1228号
电话	86-871-4313338转8988（预定）
	转8903（厅面）

睡美人餐厅

又一个高级餐厅，在滇池边上，可以边欣赏滇池边品尝美味佳肴，是滇池度假区就餐环境最好的餐厅之一。菜也做得不错，主推海鲜和精致滇菜。

招牌菜：

鬼火怒（一种凉拌）、酸辣蕨根粉、阳澄湖大闸蟹、香烤五花肉、照烧鳗鱼、脆皮炭烧鸡、香草肋排、太子蟹、多宝鱼、石斑鱼、燕窝、南非鲍等。

使用生花椒做菜是这里的特色之一。生花椒非常鲜嫩，麻味也更新鲜，味道和干花椒完全不一样。如果你去睡美人餐厅，看菜单的时候可以留意有生花椒的菜。其中有石锅鲜椒鸡，39元/份。

炸豆腐拼是这里招牌菜中的招牌菜，把三种豆腐合在一起，让你一次尝尽豆腐美味。29元/份

名称	睡美人餐厅
消费	人均约为80元人民币
可刷银联卡

| 交通 | 乘44、73路到西贡码头，再步行10分钟 |
| 地址 | 昆明市滇池迎海路22号，滇池大坝旁 |
爱去草海长堤（滇池大坝）喂海鸥的，很轻易就能找到这个餐厅

| 订餐电话 | 86-871-4336333 |
4336606

| 传真 | 86-871-4336328 |

● 餐饮

云南民族村民族餐厅

主推民族菜，可举办民族婚宴

招牌菜： 景颇风味鬼鸡、傣味香茅草烤鱼、白族雕梅肘子、基诺叶子包肉、诺邓火腿、紫米菠萝饭、干椒古树花、豆豉苦刺花、红油树须、独龙烤岩羊……
还有各种过桥米线等。

名 称	云南民族村民族餐厅
消 费	餐厅不设最低消费，不限自带酒水。
地 址	云南民族村景区中心地带滇池大舞台对面
订餐电话	86-871-4311897

乡村小榭

主推云南农家菜，是很多海埂体育训练基地的球员们训练完后晚餐的首选。

招牌菜： 药膳鸡、炒牛肝菌、小米辣炒鱼肉丁、小炒肉、血旺、鳝鱼、炸茨菰、干巴、卤水拼盘、凉拌田螺、红烧野鸭、黄焖鳝鱼、干椒炒爆腌肉及几十种农民自己腌制的咸菜，包谷饭、洋芋饭……
可停车

名称	乡村小榭
消费	人均60元人民币
营业时间	9：00~22：00
地址	昆明市西山区滇池路民族村前50米
订餐电话	86-871-4310908

爱伲山庄

是一家美籍华人开的云南民族文化餐厅，对外来的游客比较有新鲜感，旅游团队喜欢带外地人去吃那些酸辣的农家民族菜肴、跳篝火晚会、看吵闹的民族表演。
山庄主要经营云南省少数民族特色餐饮，凭着别具一格、与众不同的民风民俗服务方式，原始粗犷的少数民族歌舞表演及稀奇古怪的生态美食受到社会各界的肯定与好评，被授予中华餐饮名店。
在爱伲山庄，来宾将置身于一个灵动的民族风情园中一边品尝民族菜肴一边欣赏具有民族特色的歌舞表演，还能体验爱伲山庄特色："灌酒"，感受爱伲人特有的祝福。

菜系： 山庄以地道的爱伲味、傣味等"土著滇味"为主，原料多源于无量山、哀牢山原始森林的天然生态食品。

招牌菜： 爱伲风情牛柳、普洱茶酒烩四宝、爱伲茶香人家、爱伲古茶冻蟹、爱伲糯米鸡、哈尼韭菜拌生肉、竹筒猪蹄、爱伲木瓜盅等。

名称	爱伲山庄
消费	人均50~100元
交通	乘73、44到银海山水间下
	有停车场
地址	昆明市西山区滇池路6公里处
订餐电话	86-871-4315483

B 西贡码头

昆明又一大餐饮品牌。

西贡码头的餐饮美食文化区和在休闲品位区的昌元、旺角、富港、中云名菜馆、三姐妹云龙酒楼、特色贵州风味园、穆斯林精品餐厅、澳洲福德帝红酒庄、瑞祥茶庄、百茶堂、品味咖啡、QP红酒阁地等代表了昆明的时尚餐饮。

中云名菜馆

主推滇、川、粤菜

地址	昆明市滇池路七公里西贡码头九号楼
电话	86-871-4318698 4318699
传真	86-871-4316969

山珍茗楼

主推黑井原生态餐饮、有棋牌

招牌菜：
清汤羊肉　　39元
野焖鸡　　　49元
黄牛干巴　　35元
古珍臭豆腐18元
古镇烧烀肉18元

地址	昆明市西贡码头美食街17号
电话	86-871-4318978

大黔门食府

主推贵州菜

招牌菜：
贵州辣子鸡火锅、贵州酸汤肥牛小火锅、
干锅绵羊肉小火锅、青椒童子鸡小火锅等。
鲍汁扣鹅掌 38元／位

地址	滇池路西贡码头24号
电话	86-871-4312678 4312986

富港渔村酒楼

主推海鲜

招牌菜：
香炒血盖　　　88元
野山椒炒响螺　68元
酸笋煮瀑鱼　　68元

消费	人均50~100元
地址	昆明市滇池路七公里处西贡码头美食城
电话	86-871-4310298 4310299

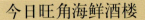
今日旺角海鲜酒楼

主营潮粤菜，擅长烹饪纯正海鲜美味和精品佳肴，中高档消费

名称	今日旺角海鲜酒楼
消费	人均50～100元
地址	昆明市滇池路七公里处西贡码头美食城
订餐电话	86－871－4311953

昌元酒楼

主推海鲜和滇菜，餐厅面积3000平米，可以容纳1500人就餐，可以举行大型宴会，有30个包间。

招牌菜：
秘制苏眉鱼、高汤炖关东参、
白灼基围虾、葱油海螺片、清蒸多宝鱼、
豆豉蒸带子、
昌元一品煲　里面有竹荪、鸭掌、鱿鱼、
虾仁、西兰花……
小青龙　398元/500克
赖尿虾　198元/500克
喝的有苏打水和玉米汁

名称	昌元酒楼
消费	人均100～200 元　可刷卡
营业时间	9：00～22：00
地址	昆明市西山区滇池路西贡码头6号楼
订餐电话	86-871-3545931

八号码头

主营湘菜、粤菜、附带滇菜

招牌菜：
金牌娃娃鱼268元/位
虫草炖娃娃鱼368元/位
洞庭野生甲鱼(黄焖、清炖)268元/份
野生龟328元/份
三色鱼头丸68元/份
黑椒牛扒48元/位

名称	八号码头
地址	昆明市滇池路1393号(西贡码头美食城对面)
订餐电话	86-871-4328388

颐和会馆 *就此相忘于江湖*
一直梦想着，能找到这样的一个地方——

内心宁静的时候，能够静静地品茗，背景有荡气回肠的古典音乐；

激情飞扬的时候，在一个民族风情浓郁的民居里，大块朵颐，有原生态的民族歌舞和民乐；

商务应酬的时候，有绝对安静的环境，宽敞舒适的包房，美味佳肴无数；

想发呆的时候，有西餐厅，在一杯咖啡里沉醉；

还有一些时刻，我想把自己隐藏在人群里，独自神伤。或者找个不相干的人喝一杯，暧昧一点，放肆一些。最好，能够有旧上海十里洋场的感觉。这些时刻，酒吧是绝佳选择。

现代种种的消费场所，其实多是为情绪而设。如果能够有这样一个地方，同时照顾到我所有的情绪，那该多好。

孰料，寻觅多年竟不得。这小小的渴望，日久，竟成了憾事一桩。

直到无意中，进得颐和会馆。

拂面清风中，西山滇池近在咫尺。一楼汇聚各种香茗，并有丰富精美的自助餐；二楼是藏式风格和摩梭风格

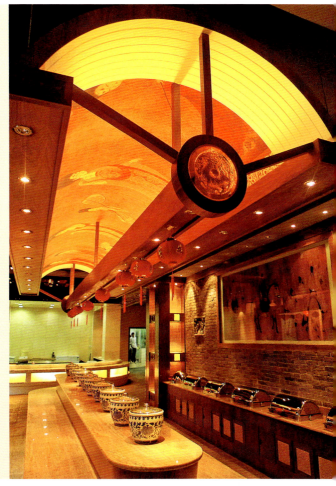

⊙ 餐饮

的包房，有浓郁的云南民族文化风情，粤菜、川滇菜、杭帮菜式，还有原生态的歌舞伴餐；三楼是商务空间，一切为商务洽谈及接待服务，还有优雅的茶艺表演；四楼是充满小资情调的西餐厅和酒吧……

三十而立，在颐和会馆，我终于懂得"众里寻他千百度，蓦然回首，那人却在灯火阑珊处"时的惊喜与个中滋味。

装修也是极有风格的。每一层装饰，都与主题紧密契合。它是新的古典主义，更是现代人的种种情愫。

庭院、花窗、雕梁、香茗、美酒、佳肴……

这是我所渴望已久的安详与诗意。一切如此安静，庭院有藤椅，滇池上，蜻蜓正点水飞过。

名称	颐和会馆
订餐电话	86-871-4317555　4318555
会员中心电话	86-871-4323888

就此相忘于江湖，"消闲静摄，颐养天和"。
《镜花缘》是如此说的，也是你我平凡的世界。

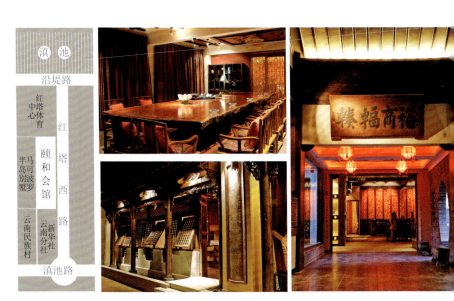

PART 3

云南民族文化风情

云南是中国少数民族最多的省份，中国56个民族，云南达到了26个，其中15个少数民族为云南独有。

雕刻一个微型云南

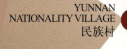

YUNNAN
NATIONALITY VILLAGE
民族村

　　每一个民族，都是一朵灿烂的奇葩，有自己独特的历史、习俗、风情和传统文化。云南，因少数民族而灿烂，耀眼光华。所以，了解云南，首先应从了解云南的少数民族开始。体验云南，旅游云南，少数民族风情是必不可少的内容。

　　云南民族村是集中反映云南各个少数民族历史文化、民俗风情、建筑艺术、音乐舞蹈、宗教信仰、生活环境为一体的村寨。游遍云南民族村，你就能大致对云南的各个少数民族有一个大致的了解。

　　在周恩来总理的嘱托下，云南还建立起了中国和东南亚最大的民族博物馆——云南民族博物馆，这是云南各少数民族历史文化最集中的收藏展示场所。

　　云南民族村、云南民族博物馆，为你展示一个微型的云南。精髓，都在这里。

YUNNAN
NATIONALITY'S VILLAGE

云南民族村
浓缩的云南民族精华

云南民族村是目前国内规模最大、反映民族文化最多的云南少数民族文化主题公园之一。是云南各民族群众审视自身文化的一个支点，是云南民族文化与世界对话的一种方式。

　　到云南或昆明旅游，云南民族村是必到的景区。没到过云南民族村，就等于枉来云南一遭，可见云南民族村在云南旅游和文化中的地位之重。

　　云南民族村是浓缩的云南民族文化精华。云南民族村的各个村寨的少数民族，都是云南各地土生土长的。来到这里，你能把云南25个少数民族的风情看个够。

　　云南民族村位于昆明市南6公里滇池之畔，占地2000亩。它南临浩瀚的滇池、北望历史文化名城昆明，西靠著名的西山风景区，湖光山色秀美无比。民族村内为云南的25个少数民族各建一个村，并配以民族团结广场、民族歌舞演出厅、民族蜡像馆等。村内村舍错致，民族风情古朴浓郁，到处花红柳绿，碧波粼粼，笙歌不绝，舞影婆娑，被誉为"人间仙境"。

云南民族村是云南省人民政府和昆明市人民政府于1991年批准组建的具有法人资格的国有企业，目前是一个25个民族共居一村，集旅游、观光、餐饮、娱乐和大型演出为一体的国家4A级旅游景区。
村内还有循环游览车可供游客免费乘坐。

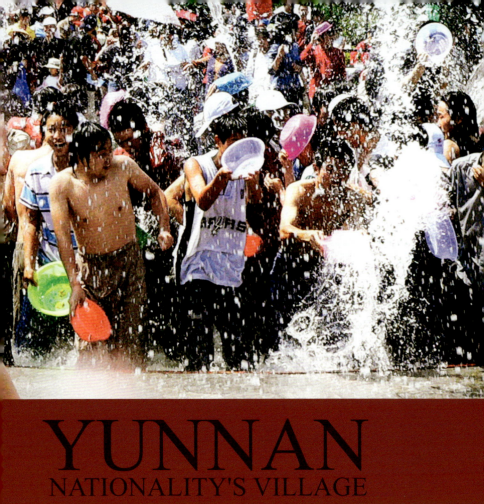

YUNNAN
NATIONALITY'S VILLAGE

　　民族村是集云南各民族的历史文化、民俗风情、建筑艺术、音乐舞蹈、宗教信仰、生活环境为一体而建设的，以反映云南25个少数民族的文化为主体，兼有观赏、游乐、度假、休养、水上活动及生活服务等综合功能。村内的服务和表演全部都是土生土长的少数民族青年来承担，不仅内涵丰富博大，而且真实亲切。

　　村内民族风味小吃、民族手工艺品展销、民族歌舞表演、亚洲象表演等。只要游览了这个地方，就能大致了解云南一些少数民族的生活方式和风俗习惯。游客可在村寨中尽情参观园林景观，领略少数民族的民居、民宅、民俗、民情及文化、音乐、歌舞、宗教等。

名称	云南民族村
地址	云南·昆明·海埂

交通 市内可乘44（昆明火车南站—云南民族村）、73路（护国桥—云南民族村）公交车抵达，到终点站下车即是。打车约为45元人民币。
飞机场出口可乘52、67路到昆明火车南站，再转乘44路公交车到达云南民族村。打车约为40元人民币。

营业时间	09：00～18：30
门票	70元／人
电话	86－871－4311108　4311255
传真	86－871－4311108

Http://www.ynmzc.com

　　民族村景区内水陆交错、清新优雅，各村寨、景点坐落有致、风格迥异旖旎的自然人文景观与浓郁的民族风情融为一体，蔚为壮观。各景区有绿荫小径，亭阁回廊、拱桥石阶相衔相接，并与滇池湖滨大道首尾贯通，游览线路路转水回，柳暗花明，引人入胜。

　　在云南民族村里，除了一个个迷人的村寨外，在民族团结广场上，还能看到惊险的傈僳族上刀杆，万人欢腾的景颇族目脑纵歌，多姿多彩的民族歌舞，妙趣横生的大象表演，真可谓其乐无穷。

YUNNAN
NATIONALITY'S VILLAGE
云南民族村

餐饮

1.滇池大舞台前的广场旁有许多小吃，马帮烤鸡68元/只。

2.彝族村寨里有羊汤锅（50元/碗）和羊肉米线（8元/碗）

3．民族风味美食城汇集了各少数民族风味、滇味名菜肴和云南风味名小吃。傣族香茅草烤鱼、彝族的锅贴乳饼、哈尼族的豆豉泥鳅、景颇族的鬼鸡肉、滇味名菜汽锅鸡、各种野生菌、宜良烤鸭等特色佳肴和云南最具有特色的过桥米线、小锅米线等风味小吃。

过桥米线每套的价格根据档次不同分为15元、20元、25元及40元不等。

购物

民族村内主游路和各村寨有出售纪念品和土特产的小店，可随意选择喜欢的民间工艺品、少数民族服饰等。

参考价格：披肩一般40元左右。衣服从20~150元不等。

普洱留香茶艺馆

可参观传统普洱茶仓，观赏茶艺表演，品尝云南名茶：傣家糯米茶、留香普洱茶、国礼滇红等。售卖的普洱茶一般在二百元以下。

电话：86-871-4312431

杜鹃王木艺根雕

以高档根雕为主、兼顾普通游客购买能力，价格从几十元到上万元不等。

地点：滇池大舞台对面
电话：86-871-3195846

民族文化抢救保护中心

从语言文字、区域风貌、文化传人与保护项目等各层面入手，抢救和保护濒临消亡的民族民间文化，同时向游客开放民族文物艺术品珍品展览。

地点：滇池大舞台
电话：86-871-4319570

云南民族村
游览图

云南民族村精品游览路线

推荐游览线路1:

傣族→水族→布依族→布朗族→佤族→苗族→独龙族→普米族→怒族→傈僳族→民族风味食品城（就餐）→满族→回族→瑶族→拉祜族→基诺族→蒙古族→白族→壮族→纳西族→摩梭之家→彝族→团结广场观看大象表演→哈尼族→德昂族→景颇族→阿昌族→藏族

推荐游览线路2:

藏族→阿昌族→景颇族→德昂族→哈尼族→团结广场观看大象表演→民族风味食品城（就餐）→彝族→摩梭之家→纳西族→壮族→白族→蒙古族→基诺族→拉祜族→瑶族→回族→满族→傈僳族→怒族→普米族→独龙族→苗族→佤族→布朗族→布依族→水族→傣族

推荐游览线路3：

如果你时间有限，可沿下列路线游览：

傣族→水族→布朗族→佤族→白族→彝族→哈尼族→藏族

图例

1傣族 2水族 3布依族 4布朗族 5苗族 6独龙族 7普米族 8怒族 9傈僳族 10满族 11回族 12瑶族 13拉祜族 14佤族 15基诺族 16蒙古族 17白族 18壮族 19纳西族 20摩梭之家 21彝族 22哈尼族 23德昂族 24景颇族 25阿昌族 26藏族

老昆明城

溜索

正门入口处
Entrance

茶文化大观园

The Diancha Road
滇茶大道

导游服务

地址 │ 正大门入口处
电话 │ 86-871-4315813

景区内交通

免费循环小火车乘车地点：主游路白象处至摩梭之家 电瓶游览车、电单车、双人情侣自行车：为游客提供游览服务，需另收费

电话 │ 86-871-4311449

游客服务中心

为特殊人群提供助残车、婴儿车、手杖、雨伞、玩具、休息处，发放宣传资料，提供失物认领、问询投诉等服务

地址 │ 景区内距正大门50米处
电话 │ 86-871-4312429

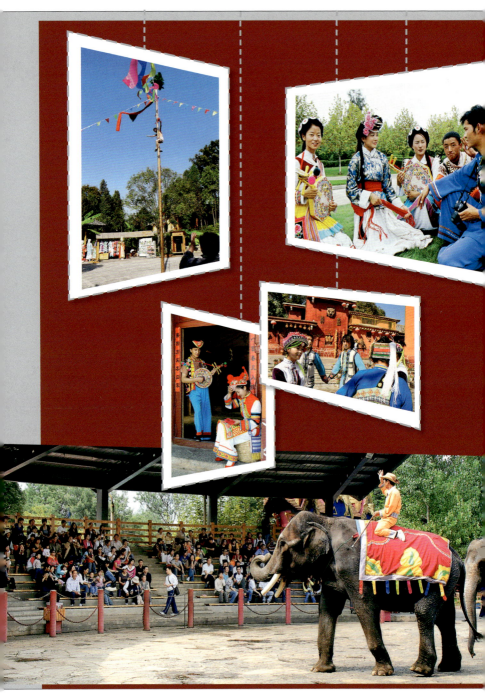

民族村正门广场

开村仪式

08：50～09：00

傣寨

迎宾、嘎光、演奏葫芦丝

09：30～09：50　　13：30～13：50

15：30～15：50　　16：00～16：30

傣寨

赕佛表演

14：30～14：45

佤族、布朗族

激情木鼓、佤族劲舞

10：00～10：20　　11：00～11：20

14：00～14：20　　16：00～16：20

基诺族、拉祜族

情歌弹唱、秋千舞韵

10：30～10：50　　13：30～13：50

15：30～15：50　　16：30～16：50

藏族

雪域之风、弦子欢歌

10：30～10：50　　14：00～14：20

15：30～15：50　　17：10～17：30

哈尼族

乐作舞姿、芒鼓声威

11：30～11：50　　13：30～13：50

14：30～14：50　　16：30～16：50

景颇族

目瑙纵歌、山歌传情

10：00～10：20　　13：00～13：20

15：00～15：20　　16：00～16：20

白族

掐新娘、金花新曲

10：50～11：10　　14：30～14：50

15：30～16：10　　16：50～17：10

蒙古族

马头琴声、长调绕梁

10：30～10：50　　13：30～13：50

16：00～16：20

彝族

山林小调、跳乐劲舞

11：00～11：20　　13：30～13：50

15：30～15：50　　16：50～17：10

苗族

倒爬花杆、笙舞唱诗

09：40～10：00　　14：30～14：50

16：00～16：20

摩梭之家

儿女韵律、转山情歌

10：30～10：45　　13：30～13：45

15：30～15：45　　16：50～17：10

普米族、傈僳族、怒族、独龙族

上刀杆下火海、峡谷山歌

10：30～10：50　　13：00～13：20

15：40～16：00　　17：00～17：20

壮族

对歌、抛绣球展示

全天

德昂族

浇花浴佛、手工织布展示

全天

纳西族

东巴文化展示、讲解

全天

水族、布依族

织布、手工艺情景展示

全天

回族、瑶族、满族、阿昌族

服饰展演、歌舞风情

全天

吉象园

亚洲群象表演

10：30～11：30　　13：30～14：30

15：30～16：30

傣族村寨　少女身材最婀娜
Dai's village

　　傣族村寨是进入民族村的第一个村寨，也是风情最浓、最美的村寨之一。占地面积27亩，三面环水。里面种满了热带和亚热带植物，寨内绿树、鲜花盛开，一幢幢精致典雅的傣家竹楼点缀其间。交错蜿蜒的红砂石小径通向庄严肃穆的缅寺，巍峨壮观的白塔，精巧玲珑的风雨桥、风雨亭、水井、钟亭等建筑充满着傣乡的浓郁风情。傣寨最富特色的是动态文化展示。一年一度的"泼水节"，活泼欢快的"象脚鼓舞"，婀娜多姿的"嘎光舞"，还有节庆期间的傣族婚礼表演、赛龙舟、丢包等民俗活动丰富多彩，异常热闹。

　　村中雄伟的白塔叫"波中塔"，高23.6米，是按1∶0.9的比例仿德宏州盈江县的允燕塔建造的。40座小塔簇拥着高高的主塔，365个风铃声悦耳动听。傣味楼还供应傣味菜肴。

　　云南旅游的兴起，是从西双版纳开始的。西双版纳最吸引人的，就是傣族风情。婀娜的傣族少女，穿着傣裙，撑着油纸伞，出没于热带森林中，柔情似水，看呆了来自远方的客人。许是祖祖辈辈都临水而居的缘故，傣族少女的身材都非常婀娜，且长期着裙装，堪称云南少数民族中身材最好的。

　　你到不了版纳，到云南民族村去看也是一样。

　　有兴致的话，不要忘记买些漂亮的傣裙或油纸伞，做个纪念或者送给朋友，都倍儿有价值。傣裙大概50~80元一条，油纸伞约为15~30元每把。另外，巴乌和葫芦丝是傣族最具代表性的传统乐器，喜欢玩乐器的朋友可以买一点，还有经典曲谱售卖。这两样乐器根据质量不同，价格从50元左右到250元不等，云南已故的葫芦丝大王哏德全生前做的葫芦丝就在傣族村销售。

水族寨 最爱是酸汤

Shui's village

云南民族村水族的建筑和这个民族的名字一样，给人清新纯净之感。吉祥物小吞口充满每个角落，精致的竹风铃在风中轻唱，心灵手巧的水族姑娘在屋前亲手制作着吉祥的小吞口和风铃，向每位到来的贵客送上诚挚的祝福。

水族的远祖是古代"百越"的一支。云南的居住地主要在曲靖富源县境内东南端古敢，这是云南省唯一的水族乡。这里森林密布，山水如画，适于农林业的发展，是鱼米花果之乡。水族在民歌中，常以"像凤凰羽毛一样美丽"来形容自己的家乡。

水族从事农业，以种植水稻为主，"九阡酒"是水族传统佳酿。水族有自己的历法，水历与夏历基本一致，但以夏历八月为岁末，九月为岁首。

水族酸汤极有特色，有辣酸（辣椒制成）、毛辣酸（西红柿制成）、鱼酸（鱼虾制成）、臭酸（猪、牛骨熬制而成）等多种。其中以辣酸为最常用。辣酸用新鲜红辣椒加工制成。水族习惯一年四季都吃"火锅"，一大锅酸汤加蘸水几乎就是每日不变的菜肴。即使偶有豆腐、肉或鱼，也习惯加入菜中，煮成一锅沾蘸水吃。

水族最有名的舞蹈是铜鼓舞，民间传统工艺主要有刺绣、编织、印染、雕刻等，土纺土织是水族妇女必须具备的手艺，她们织出的"水家布"纹理紧密，结实耐用。水家人还常用竹子编制日常生活用具，如背篓、筛子、鱼笼等。

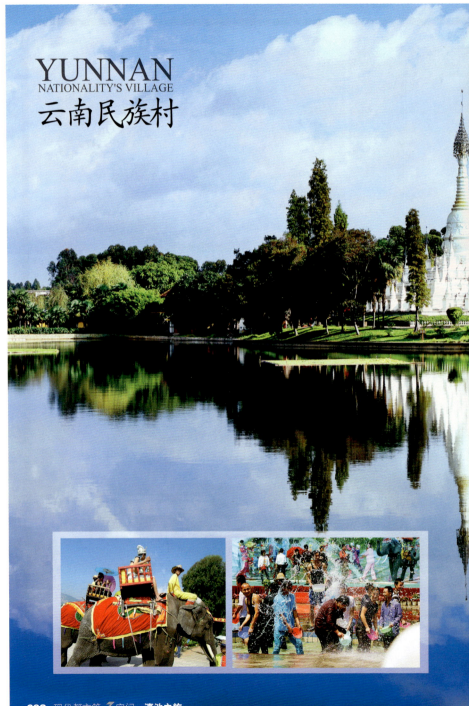

YUNNAN
NATIONALITY'S VILLAGE
云南民族村

布依族寨 看一出"跳花会" 饮一碗"迎客酒"

Buyi's village

　　布依族是云贵高原东南部的土著居民。他们的蜡染久负盛名，早在宋代就有记载。清代史书上所说的"青龙布"，就是蜡染布，布依族姑娘从十二三岁起，便开始学习蜡染技术。

　　"跳花会"是男女青年的社交活动，规模盛大，参加人数过千，很多未婚男女青年通过吹木叶、对歌订终身。

　　布依族豪爽好客，特点是在每年"二月三"（或三月十三）的枫叶节，很多布依族都用枫香叶等各种植物色素把糯米染成五颜六色，做花糯米饭招待客人和分送给亲朋好友。

　　布依族喜饮酒，更喜以酒待客，不管来客酒量如何，只要客至，都以酒为先，名为"迎客酒"。饮酒时不用杯而用碗，并要行令猜拳、唱歌。

布朗族　万物有灵

Bulang's village

　　布朗族寨内建有民居、鬼神广场等建筑。鬼神广场表现了布朗族万物有灵的自然崇拜，广场中央竖立着布朗族的图腾，同时，广场也是布朗族祭拜神灵和表演歌舞、习俗活动的重要场所。

佤族寨　甩起长发跳支舞

Wa's village

　　如果你稍微年长一点，肯定听过那首流行世界的《阿佤人民唱新歌》——

　　　村村寨寨哎打起鼓敲起锣
　　　阿佤唱新歌
　　　毛主席光辉照边疆山笑水笑人欢乐
　　　人民公社好哎架起幸福桥
　　　哎……道路越走越宽阔越宽阔
　　　哎江三木罗

　　这首歌唱的就是佤族，歌里的江三木罗是他们的英雄。

　　佤族寨内建有茅草房、牛头广场、神灵广场及粮仓等。牛头广场是佤族古老的"剽牛"活动场所，而神灵广场表现了佤族万物有灵、灵魂不死的自然崇拜观念。佤族"木鼓舞"节拍鲜明强烈、风格粗犷豪放，佤族姑娘在舞蹈中长发飞舞，舞姿刚健。

苗族 廖力耕服饰作坊
Miao's village

据说最昂贵的苗族传统服饰，能值一百多万元人民币，传说也许有夸张，但苗族服饰的价值，由此可见一斑。

民族村苗族村寨就有一个廖力耕服饰作坊。廖力耕是中国服装设计师协会会员、良图云南民族刺绣研究中心主任。20多年的时间里，深入云南少数民族村寨，学习研究民族刺绣的针法技能、图案特征、色彩运用、文化内涵等，掌握了30余种针法。

作坊整个屋子都是灿若朝霞的"七彩绸缎"，布锦上各式各样的花儿在上面尽情绽放，鸟儿在上面舒展着彩虹般的羽毛，样式独特的图案在上面有序地排列着。这些彩绣融合了平针绣、三角针绣、八字针绣、环边绣、种子针绣等最为常见的云南少数民族刺绣针法，针针见情。

少数民族服饰色彩丰富，融得了天下想象力；少数民族服饰风味浓，展得开全世间人情味。这里是绣片聚集地、佩饰基因库，云南各族服饰的元素，寻根问底在此处。

怒族 怒江大峡谷真正的土著

Nu's village

怒族是怒江大峡谷真正的土著。这个生活在横断山老林里的少数民族只有两万七千人，有语言没有文字。男子一般穿麻布长衣，下穿短裤，多蓄长发，披发齐耳；大部分男人左耳佩戴一串珊瑚，左腰佩砍刀，右肩背弩弓箭包，显得英武剽悍。怒族妇女穿麻布做成的左大襟上衣，下穿长裙，喜欢在胸前佩带彩色珠子串成的项圈。有的妇女用珊瑚、玛瑙、贝壳、银币等串成漂亮的头饰或胸饰，耳戴垂肩的大铜环。

独龙族 世间最后的纹面女
Dulong's village

去民族村，一定不要忘记去拜访独龙族村寨里的那位纹面女。现年50多岁的她，是民族村独龙族村村长，是纹面女中间最年轻的一位，也是上世纪60年代的最后一批纹面女之一。

纹面是独龙族的旧俗，这个人口不过数千的民族，在旧时，少女长到十二三岁就要纹面，表示进入成年的意思。

独龙族民间对妇女纹面有两种解释：一是独龙族抵制土司和奴隶主抢房妇女为奴的消极反抗手段；二是为了美而纹面。在原始社会，独龙族以图腾纹刻来美化本民族的社会成员。

灵魂、鬼、天的观念一直是独龙族原始信仰的核心。具体表现方式即妇女的纹面，他们认为死后其亡灵会变成一种色彩艳丽的蝴蝶，故纹面时把整个脸庞刺成似张开的翅膀的蝴蝶。

于是，少女初长成，竹签刺脸，锅灰敷面，颜料渗入皮下，靛青色似蝴蝶的图案永留脸上。

见到这位50余岁的纹面女时，不要惊诧于那神奇的图案、那美丽的容颜。尽管岁月流逝，但深深的青蓝仍然宛若从前。

现在的独龙族妇女已不再纹面。目前，活在世上的独龙族纹面女已不足40人。在未来的时间里，随着最后一批纹面女渐渐离去，独特的纹面习俗将从这个世界上消失。一睹"绣面部落"最后的奇俗苦艳，将成为一件诗意而又艰难的事情。

普米族和独龙族合用一个村寨，但保持各自的特色。

最显眼的就是那酒作坊，两层的小楼，都用来造酒了。几个穿着普米族服饰的女孩，用木棒在树上练习着节奏。

普米族姑娘因为住在比较凉爽的山上，所以皮肤很白。普米族青年妇女均穿短上衣，古代是用麻制的，现代大多用棉布；过去多喜欢白色，现在喜用白黑红等多种颜色；右面开襟，下襟较短，窄袖高领。

成年妇女都披皮披肩，通常是用山羊皮、绵羊皮、牦牛皮制成的，以山羊皮的为贵。披肩大多选用洁白的毛皮制成，美观大方。在披肩上结两根带子，系在胸前，白天可防寒，坐时当垫坐，睡时当褥子。兰坪、维西一带的妇女，则常常佩带色彩鲜艳的披肩，腰系叠缀花边的围腰布。

普米青壮年男子穿短上衣，有开襟，用银质纽扣，穿肥脚裤子，大多喜用黑色，少数用蓝色，外边穿一件长衫，束腰带；喜用白羊毛制作腰带，两头绣花，缠麻布裹腿，穿皮鞋，春天穿草鞋。男子戴的帽子比较讲究，样式也较多，有戴帕子的，也有戴圆形毡帽子的。近几十年流行戴盆檐礼帽，有的还镶金边。

离开的时候，看到一个女孩，靠着屋角小憩。她有中文名字，叫侯永春。她在阳光下假寐的样子，真是太美了。

普米族 酒作坊边小憩的姑娘
Pumi's village

满族 最后的贵族

Man's village

　　这是清朝时的统治阶级。清政府灭亡后，这个民族似乎就从中国销声匿迹了。很多人想一睹满族，也无法得觅其踪迹。但在云南民族村，你可以看到正宗的满族。

　　云南满族总人口占全省少数民族人口总数的0.66%，主要分布于昆明、保山、普洱、德宏、曲靖、临沧、红河、楚雄等地州市。云南满族人口较少，但分布却很广，全省大多数县市有满族。

　　云南的满族最早是清朝初年来的。今天昆明的如安街一带曾是满族聚居的地段，有"旗人街"之说。云南有名的中秋月饼"火腿四两坨"，也是清末满族人胡云峰开办的合香楼糕点铺所发明的。满族是一个崇尚知识，重视教育的民族，知识分子占人口的比例很高。

　　来到云南民族村的满族四合院，有种恍惚的感觉，仿佛穿梭时空，来到了老北京的满族人家。"宦游人家"的牌匾讲述着院里人儿对先人家乡的思念。坐北朝南的院子里挂满了京剧脸谱的装饰，京味十足。屋内华丽的饰物彰显尊贵。身着旗服的满族姑娘端庄俏丽，婀娜迷人，优雅地向游人讲述满族的动人传说。

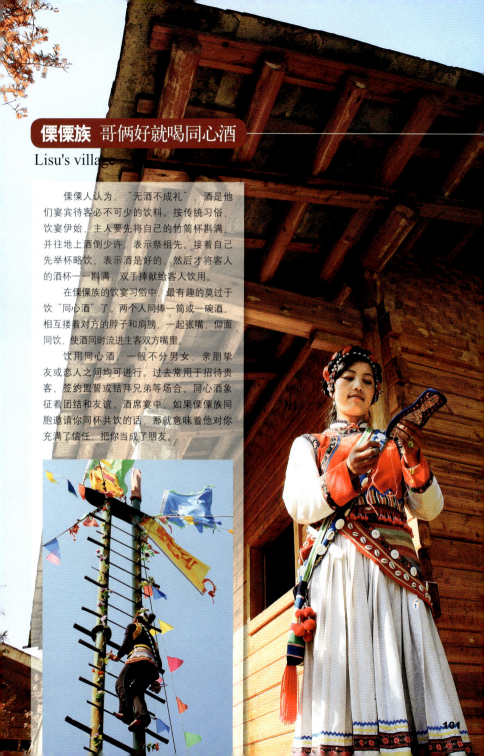

傈僳族 哥俩好就喝同心酒

Lisu's village

傈僳人认为，"无酒不成礼"，酒是他们宴宾待客必不可少的饮料。按传统习俗，饮宴伊始，主人要先将自己的竹筒杯斟满，并往地上洒倒少许，表示祭祖先。接着自己先举杯略饮，表示酒是好的，然后才将客人的酒杯一一斟满，双手捧献给客人饮用。

在傈僳族的饮宴习俗中，最有趣的莫过于饮"同心酒"了。两个人同捧一筒或一碗酒，相互搂着对方的脖子和肩膀，一起张嘴，仰面同饮，使酒同时流进主客双方嘴里。

饮用同心酒，一般不分男女，亲朋挚友或恋人之间均可进行。过去常用于招待贵客、签约盟誓或结拜兄弟等场合。同心酒象征着团结和友谊。酒席宴中，如果傈僳族同胞邀请你同杯共饮的话，那就意味着他对你充满了信任，把你当成了朋友。

云南省的回族人口有64万余人。据历史文献资料证实，13世纪中叶以后，回族先民开始大量移入云南定居，是云南民族的重要组成部分，全民信奉伊斯兰教。昆明城内还有回族聚居地，如顺城街，就是专为回民而建。

民族村的回族村寨里把云南回族的生活、宗教界全部体现了出来。一个清真餐厅，一户滇式回族庭院，一座清真寺。

村寨中小型的清真寺大殿里面能容纳五六十人礼拜，厢房、水房及唤礼楼齐备。这清真寺不仅是向游客宣传云南回族宗教信仰的地方，而且也是过往穆斯林游客礼拜休息的地方。

回族村寨 穆斯林游客礼拜休息清真寺

Hui's village

瑶族村寨 像花儿一样灿烂

Yao's village

　　云南的瑶族人口近20万，主要分布于富宁、金平、河口、麻栗坡、广南、勐腊、元阳、绿春等县。云南瑶族有四个支系，即蓝靛瑶、过山瑶、山瑶和景东瑶族。

　　走进瑶族寨，俏丽的瑶族姑娘盛装而来，满载笑容，热情地向游客们讲述着本民族的特有风俗，帅气的瑶族小伙子不善言辞，却吹起巴乌，表达满心的欢迎之情。上了年纪的蓝靛瑶老妈妈淳朴热情，用最憨厚的笑容与游客合照，看到照片就立刻乐开了花……

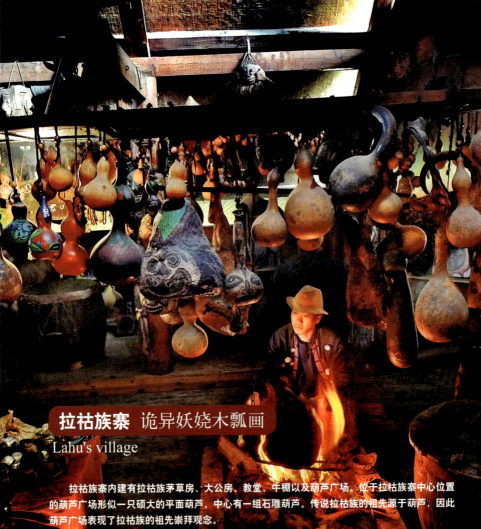

拉祜族寨 诡异妖娆木瓢画

Lahu's village

　　拉祜族寨内建有拉祜族茅草房、大公房、教堂、牛棚以及葫芦广场。位于拉祜族寨中心位置的葫芦广场形似一只硕大的平面葫芦，中心有一组石雕葫芦。传说拉祜族的祖先源于葫芦，因此葫芦广场表现了拉祜族的祖先崇拜观念。

　　寨内葫芦笙悠扬婉转，口弦声余音绕梁，不用刻意的强求你的视线必须集中到哪一点，当你无意中看到那个茅草屋时，你会抑制不住自己的脚步。

　　因为茅草屋的屋檐下，挂满了五颜六色的葫芦。

　　屋子的主人是个帅气的小伙，他叫李燕军，著名的木瓢画家。他的这间工作室里，共有700余件由葫芦制成的工艺品，李燕军亲切的称它们为自己的"孩子"。

　　万物皆有生命，原为取水用的木瓢在李燕军手里更是被赋予了无穷的生命力。它们不再是民间传统中挂在门头上避邪的"吞口"，也不是某种部落文化的遗物，而是记载了它过去的时光和那份热情生活。脱离了牵绊自己的瓢，自己的荣光也随着日光与空气的双重剥削逐渐变黄，在挣扎中企图重拾生命的绿，但干涸的空气让它们的梦想化为泡影。

　　然而，绿意消失殆尽的时候，恰好是它们生命力再次焕发重拾美丽的时候，因为它们碰到了李燕军的那双巧手。它们在李燕军的手里灵巧的转动，雕刻几下，就活起来，有了自己的生命。

基诺族寨
欢快热烈的"太阳鼓舞"
Jinuo's village

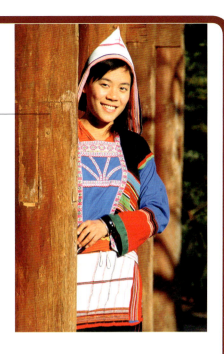

　　步入基诺族寨，可以看到绿树鲜花丛中点缀着嶙峋怪石，一幢幢基诺茅草屋错落有致，仿佛走进了滇西南山峦起伏的基诺山区。基诺族寨建有基诺族大公房、民居楼、粮仓和太阳广场。基诺族有着丰富的文化，同时能歌善舞。在表现基诺族太阳崇拜的太阳广场上，欢快热烈的"太阳鼓舞"鼓声雄健浑厚，舞姿轻快活泼，是基诺族最具民族特色的一项活动。

蒙古族　成吉思汗后裔
Menggu's village

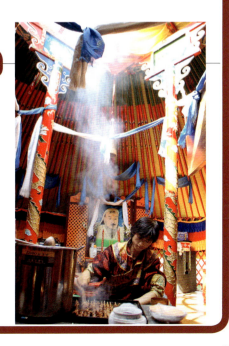

　　蒙古族大规模地来到云南，是在元朝建立之后，当中就有成吉思汗的后裔。

　　成吉思汗是蒙古族崇敬的民族英雄。他在13世纪初，统一了蒙古各部，建立了蒙古汗国，横跨欧亚两洲，震撼世界，成为"一代天骄"。在成吉思汗和忽必烈时代，军队所到之处，都有蒙古人的踪迹，云南也不例外。

　　云南民族村内的蒙古寨主要由云南通海兴蒙蒙古族乡代表性的"一颗印"式建筑、蒙古包及跑马场等组合而成，展示了云南蒙古族独特的建筑风格。

白族寨 最豪华的村寨之一

Bai's village

　　白族寨位于云南民族村以西，占地62.5亩，是最豪华的村寨之一。村内"三坊一照壁"、"四合五天井"、"本主庙"以及按实物比例缩小4倍建造的大理"崇圣寺三塔"等建筑，造型对仗工整、富丽堂皇，整座村寨院落鳞次栉比，宽敞整齐。一条以经营精美工艺品的"大理街"贯通南北，民族扎染、草编工艺、珠宝玉器、木雕石刻等琳琅满目，应有尽有。

　　白族文化历史悠久，白族民间艺术"霸王鞭"、"草帽舞"、"大本曲"充满喜庆欢乐的气氛；民俗节庆活动有热闹欢快的"三月街"、"绕三灵"、"迎新媳"等；白族传统"三道茶"可谓民族茶道文化中的一绝，其精美的配料

做工，高雅的礼仪氛围，使人有"此茶只应天上有，人间难得饮几回"的感觉。

村中还有堪称"石中之王"的大理石作坊和精美绝伦的蝴蝶标本展览，淋漓尽致地体现了白族典型的民族特点和丰富的文化内涵。

还可以在这里看到白族何兴良的精美时尚木雕。何兴良不仅从事木雕工艺，同时还从事银器、染织制作。檀香木刻成的吉祥挂件，锌木与黄柏木的摆件。细腻与精美，映透在时尚的新潮里，跳动在时代行进的脉息中。

云南的壮族主要聚集于文山州，他们居住于干栏、麻栏民居，擅长种植、勤于耕织，有太阳崇拜、三元崇拜、祖先崇拜和长老主事的习俗，器重铜鼓，厚爱银饰，能歌善舞，热情好客，爱吃五色花饭、米酒、烤茶，至今仍完整保存古代百越族群传统文化的精华。

真实反映文山壮族同胞文化习俗的壮族村，位于云南民族村的西南，紧邻纳西族村，与白族村隔路相望。在这里可以抛绣球。

壮族 抛一个绣球给爱人

Zhuang's village

村内主要建筑包括：

1. **大王崖画**：取材于麻栗坡城郊大王崖石壁上，新石器时代先民用赤铁矿粉所画的崖画。
2. **龙柱**：壮族人民祭祀龙王天子和龙母夫人，祈求河水长流、滋养万物、五谷丰登、六畜兴旺的地方。
3. **石葫芦亭**：原建筑物在文山德厚乡乐西村，取材于壮族神话传说《创世纪》。
4. **昊天阁**：原建筑物在文山广南城北，壮族人民在清明时节在此祭祀玉皇大帝，举行春播仪式，祈求风调雨顺、农事顺利。昭示着一年农业生产活动的开始。
5. **休闲廊**：这是壮乡农村的公益建筑，是村民外出等伴和归来休息的场所，白天老人们在此聊天、休闲，夜晚青年们在此约会、对歌。俗称"懒板凳"。
6. **老人厅**：每年农历正月三十至二月初二，壮族村寨的长老和60岁以上的男子共聚于此，祭祀社神土主，总结一年得失、杀鸡算卦，测算来年祸福，共议村中大事。因此，这一活动也叫"父亲节"。
7. **水车**：由富宁县剥隘镇政府组织当地农民制作的，壮族特色的提水灌溉工具。
8. **风雨桥**：原建筑物在西畴县新畴镇老街办事处，当地壮族人民在建造桥梁时，加盖遮风避雨的房子。是云南壮乡特有的人文景观。

彝族村　火把节·羊汤锅

Yi's village

　　彝族村的太阳历广场，中间竖有一根观测时辰的石柱，四周雕有12生肖的石刻，通过石柱的日影来观测时辰，生动地再现了彝族古老的太阳历。

　　巨"虎"则表现了古代彝族人民的图腾崇拜。另外有土掌房、舞蹈等场景可供观赏。

　　村内有烤酒作坊、文化楼、"土掌房"建筑和茶山、斗牛场、磨秋等，全面生动地体现了彝族粗犷古朴而不乏精巧别致的民俗风貌。每逢"火把节"，在太阳历广场都要举行盛大的庆祝活动，人们燃起篝火、点上火把、弹起大三弦、纵情高歌，气氛异常热烈欢快。

　　到彝族村，一定不要错过吃羊汤锅。羊都是石林产的山羊，正宗的野味。

彝族村旁边的团结广场，可以观看大象表演。

云南民族村

摩梭之家　母系氏族时代的走婚

Mosuo's village

　　摩梭人居住在丽江的泸沽湖畔，人口约8万多，至今还保留母系氏族和母系家庭的生活习惯，并以走婚这一奇特的民俗引起了全世界人类学家的关注，由此给摩梭人增添了奇异，神秘的色彩。

　　紧依"泸沽湖"畔建有摩梭人居住的"木楞房"，这座全部用原木建成的风格古朴的四合寨楼取名为"摩梭之家"。在"摩梭之家"这个风光秀丽、充满神秘色彩的地方，热情好客的摩梭姑娘载歌载舞，向贵宾献上酥油茶，为游客荡起"猪槽"船，一曲情深意长的"玛达咪"，给人留下难忘的印象。

纳西族 东巴文和纳西古乐

Naxi's village

　　纳西族村寨入口处的纳西族保护神"三朵神"坐骑塑像和两面以《创世纪》大型浮雕上记录着的纳西先民在荒莽的大山深处开山垦荒、征服自然、繁衍生息的场面。

　　以重彩绘画、雕刻为主题的"三坊一照壁"、"民居楼"、"花马坊"、"工艺楼"等主要建筑衬托出极富特色的丽江"四方街"。建筑上有不少东巴文字，这种文字被称为象形文字的"活化石"，它是目前世界上少有的还在民间流传使用的活的象形文字。用这种象形文字写成的典籍叫"东巴经"，是一部古代纳西族的百科全书。

　　二楼可以听到现场演奏的纳西古乐。这种古乐清新优雅、娓婉动听，融合了古代中原宫廷宴乐的旋律音韵，是当今民族音乐中不可多得的精品。

在哈尼族村寨，有一个神秘的制作室——哈尼族张树皮制作室，制作室的主人就是云南省民间树皮衣物制作工艺的唯一传人张卫平，他的艺名叫张树皮。

离制作室还有一段距离，就可以清楚地看到制作室的外墙上各式各样的树皮工艺品了。横着的、立着的，整个墙上爬满了充满奇幻色彩的脸谱，这些脸谱恰到好处地利用了树皮粗糙的纹理，活灵活现地把脸的轮廓勾勒了出来，从不同的角度看，会有不同的表情。

哈尼族　穿一回树皮衣服

Hani's village

走进这个制作室，种类繁多的以树皮为原料制作的帽、裙、裤、包等树皮制品让人目不暇接。那精湛的工艺让人很难想象这些工艺品出自外表粗犷的张卫平之手。

一头乌黑的长发也许是张卫平最得意的发型，黝黑的脸庞凸显出少数民族狂野的美。再看那双手，粗壮有力，根根鼓起的筋在手背上跳跃，正是这双手，造就了这位树皮衣物制作工艺的唯一传人。

粗劣的树皮在这里已经变得美轮美奂，那一袭白色的树皮衣点缀上脸谱的装饰，会美煞你的双眼。这些树皮来自西双版纳茫茫原始森林中的一种树。哈尼族人曾拿这种衣服驱寒保暖，据说，这种树衣还可以用来治病。

张树皮的树皮衣已经被数家博物馆收藏。

德昂族 山涛缘艺斋

Deang's village

　　德昂族山涛缘艺斋是一个专业从事手工陶艺研发制作的民间作坊，作品以七彩云南原生态、民族风情、风俗图腾、典故为主题。通过对泥火的演绎表达，融合自己对民族文化的借鉴和感悟，将技艺、激情注入到手工劳动中，赋予泥土以生命。

　　山涛缘艺斋的主人是王俊涛，自幼受家族父辈的影响和熏陶，身为女儿身却不爱刺绣爱陶泥。她设计的作品在云南的各种比赛上曾获得多种奖项。

　　天然的紫柚木根雕经过王俊涛的手变成了各式各样、造型各异的木雕，一件件质朴、活脱、豪放的陶艺表现出对美好生活的渴求和向往，唤起人们对大自然中泥土的眷恋。

　　游客可在此处自己制作陶艺，还可以把自己的陶艺烧好带走。价格为40～100元左右。

景颇族　　欢快的"目瑙纵歌"

Jingpo's village

　　景颇寨占地15亩，有宽敞大方的各式民居建筑和精美华丽的"山官房"，集中表现了景颇族民居建筑的结构特征和布局。

　　广场中央竖立着"目瑙示栋"，图案和雕塑象征着景颇人民团结向上的意愿和骁勇刚毅的性格。

　　目瑙纵歌节是景颇族最盛大、最隆重的民族节日。"目瑙纵歌"就是大家一齐来唱歌跳舞的意思。它最初是为祭祀景颇的太阳神"木代"而举行的最隆重的祭祀活动。

　　目瑙纵歌是大型的广场集体舞。群体舞队蜿蜒曲折，气势磅礴，场面壮观。舞队由瑙双、瑙巴两队组成，各队有领舞。跳目瑙纵歌舞时，万人踩着同一个鼓点起舞，规模宏大，震撼力极强，是中国西部地区的民族狂欢节，有"天堂之舞"、"万人狂欢舞"的美称。

藏族寨　青稞酒·酥油茶

zang's village

　　藏族的衣食住行，婚丧嫁娶，礼俗节日等都带有鲜明的高原印记。糌粑、酥油茶和青稞酒是藏族同胞的生活必需品。藏族同胞宁可三月无肉，不可一天无酥油茶。

　　青稞酒是用当地出产的青稞自酿的一种低度酒，男女老少皆喜饮，食物多为肉制和奶制品，且爱吃风干的牛羊肉。

　　藏族的服装主要是传统藏服，特点是长袖、宽腰、大襟。妇女冬穿长袖长袍，夏着无袖长袍，内穿各种颜色与花纹的衬衣，腰前系一块有彩色花纹的围裙。藏族同胞特别喜爱"哈达"，把它看作是最珍贵的礼物。

云南民族博物馆
东南亚最大的民族博物馆

在民族村旁，有一个目前全中国最大、最好的民族博物馆——云南民族博物馆。这是云南各少数民族历史文化最集中的收藏展示场所，也是东南亚最大的民族博物馆。

开放时间

正常开放时间为每周二至周日（周一馆休）
上午9时至下午5时

门票

票价为每人10元，对未成年人、中小学生、离休干部、现役军人、残疾人、劳模凭证免票。

名称	云南民族博物馆
地址	中国·云南省昆明市滇池路1503号（云南民族村对面）
交通	市内可乘44路（昆明火车南站—云南民族村）、73路（护国桥—云南民族村）公交车抵达。A1路（世博园—云南民族博物馆）到终点站下车即是。打车约为45元人民币。 飞机场出口可乘52、67路到昆明火车南站，再转乘44路公交车到达云南民族村。打车约为40元人民币。
电话	86－871－4311219（办公室）　　4311385（科教部）
传真	86－871－4311394
邮编	650228

为了周总理的嘱托

1955年4月30日，敬爱的周恩来总理出访东南亚国家归来，在昆明观看"云南少数民族文物展览"时指出："要深入民族地区做调查征集工作，要研究少数民族的社会经济形态；要反映少数民族在党的民族政策光辉下取得的成就，还要通过文物工作研究云南与中原地区的关系与东南亚邻国的文化交流和贸易往来。"

在这样的历史背景下，作为云南省"八五"重点建设项目，云南民族博物馆经过十余年的筹建，于1995年11月9日正式建成开馆。

云南民族博物馆位于风光秀美的昆明滇池国家旅游度假区内，与滇池边的云南民族村相邻，距昆明市区约9公里，占地面积13万平方米，分展示、演示、收藏、科研四区。展区建筑面积3万平方米，建筑群整体布局呈庭院回廊式风格，极富地方民族特点，是中国和东南亚规模最大的民族类博物馆。

民族性是基本特色

　　云南民族博物馆以保护、弘扬民族文化为己任。

　　馆内珍藏具有一定历史、科学、艺术价值的民族文物4万余套（件），其中民族服饰类文物为中国门类最齐全。

　　馆内基本陈列有：《人类的记忆 ── 云南民族古籍文化遗产》、《民族服饰》、《民间美术》、《民族乐器》、《传统生产生活技术》、《民族民间面具》、《民族民间瓦当》、《奇石珍宝》等，常年向观众开放。

　　云南民族博物馆职工由17种民族成分组成。建筑由陈列馆、科研办公楼、藏品库和手工作坊等组成，陈列馆共有16个展室，6千多平方米展出面积以及一个演示作坊和画廊，收藏品达12万件。建筑群前有一个宽阔的广场，是大型群众联欢的好去处。

　　开馆十余年来接待了国内外观众300余万人次，同时积极拓展对外文化交流，并创造性地在馆区开辟了30余个各类动态演示作坊和艺术家工作室。

NURSING HOME
疗养院

SPA
温泉

SPORTS
体育

让身找到心的归宿

　　滇池康体健身有着无与伦比的优越条件，气候、空气、环境以及设施建设，都属于昆明、甚至云南和世界一流。

　　海埂体育训练基地是公认的中国足球大后方，红塔体育中心则因为皇马六巨头的贝克汉姆等在这里玩过球而著名。中国最顶级的高尔夫之一滇池高尔夫是富豪们最喜欢的地方之一。平民们也有得高尔夫玩，海埂的迷你高尔夫，带来了全新的高尔夫类型，让高尔夫平民化。

　　南阳国际足球学校让中国足球后继有人。

　　滇池春天温泉会馆、滇池温泉花园酒店SPA中心，则是泡温泉的首选。还有众多的疗养院，休闲康体设施也是一流的。

　　滇池康体健身，身体就是心的归宿。

海埂体育训练基地
中国足球大后方

上世纪70年代初，一个偶然的机会，使海埂成为国家体委的足球训练基地。

　　海埂真正声名鹊起是在1994年。原因非常简单，因为从这一年起，中国足协决定规范联赛，整顿训练作风，提高质量，于是他们把体能测试作为突破口。要求所有的甲级队在每年的联赛结束后，都要到海埂来，实行封闭集训。在集训结束后，还要进行被一些球员称之为"生死考验"的12分钟跑测试。因此每年大雁南迁的时候，大批足球运动员便蜂拥而至，同时也引来了大批足球记者，每天发回大量带有"本报海埂专电"电头的稿件。

昆明体育训练基

THE NATIONAL SPORTS TRAINING CENTRE OF HAIG

由于违背科学规律，封闭式集训以及体能测试注定不能长久。1999年，中国足协顺应时势，取消了封闭式集训以及12分钟跑体能测试。也不必再像往年那样像候鸟一般地南迁，可以自由地选择冬训地点。

但这并没有使海埂冷落下来。*由于海埂早已名声在外，每年冬天到这里训练的队伍有增无减。*因此，昆明人每当提起海埂，总是骄傲的说："那是中国足球的大后方。"

名称	海埂体育训练基地
交通	市内可乘44（昆明火车南站—云南民族村）、73路（护国桥—云南民族村）公交车抵达，到终点站下车再走5分钟左右即到。打车约为50元人民币。
地址	中国云南省昆明市海埂
邮编	650228
电话总机	86-871-4311099

○ 红塔体育中心
皇马六巨头玩球的地方

红塔体育中心是红塔集团投资建设的大型康体设施，占地33.43万平方米，建筑面积超过10万平方米，现已建成红塔足球俱乐部足球训练基地（11块足球场）、网球中心（11片网球场）、冰上运动中心、66保龄馆（66条球道）、沙滩排球、四季游泳馆、羽毛球馆、兵乓球、桌球、沙弧球、飞镖、气悬球等可供比赛、训练的一流场馆设施。

● 体育板块

　　足球训练场配备有运动员别墅、餐厅、体能厅、理疗中心、战术演讲厅等功能设施，通讯、交通、洗涤、商务、办公、购物、娱乐等配套设施完善。

　　红塔体育中心在短短几年时间内掀起了全民健身的新浪潮，吸引了绿茵豪门世界一流球队皇家马德里足球队及国家足球队、国青队、国奥队的莅临训练，成功举办了多次国内外赛事。

足球场

名称 昆明红塔体育中心

交通 市内可乘44（昆明火车南站—云南民族村）、73路（护国桥—云南民族村）公交车抵达，到终点站下车走约10分钟左右即到。打车约为45元人民币。

总机号码 86-871-4328888

分机

销售	30002、30005、60020
健身卡会员办卡处	60015
保龄球馆	70079
游泳馆	70234
网球馆	70007
冰上运动中心	70112
综合球类馆	70112
乒乓球馆（乒乓球、沙弧球、气悬球、台球、飞镖）	70071
羽毛球馆	70031
望湖宾馆总台	10、12

传真 86-871-4312384

地址 中国云南昆明滇池国家旅游度假区红塔西路

邮编 650228

保龄球馆

保龄球馆

游泳池　网球场

望湖宾馆

● 南洋国际足球学校

是韩国人在中国办的足球学校，以培养未来足球巨星为目标，学员主要是中国和韩国学生，分为小学、初中和高中，兼顾文化课学习。学生上完高中后可以考大学。

因为南洋国际足球学校，红塔也几乎变成了韩国足球队的训练基地。韩国国内越来越多的足球队来到这里进行高原训练。

教练来自世界各地，
巴西教练为主。

当然，学校收费不菲。

名称	南洋国际足球学校
交通	市内可乘44（昆明火车南站—云南民族村）、73路（护国桥—云南民族村）公交车抵达，到终点站下车再走10分钟左右即到。打车约为45元人民币。
地点	中国云南昆明滇池国家旅游度假区红塔西路红塔体育中心内
邮编	650228

● 体育板块

● 滇池高尔夫
在享受中修炼成"精"

据说很多新加坡富豪有一个习惯，那就是周末"打飞的"到昆明打高尔夫，因为这里气候、环境都极好，高尔夫球场也是亚洲最好的。

滇池高尔夫是他们中很多人的首选，不仅因为周边环境极佳、景色秀丽，还因为滇池高尔夫是昆明唯一在城市中的高尔夫。

滇池高尔夫，是云南首家城市高尔夫球场，也是昆明唯一的有九洞灯光的锦标赛都市高尔夫球场。

名称	滇池高尔夫
地点	云南省昆明滇池国家旅游度假区滇池路1505号
电话	86-871-4317888
传真	86-871-4315060

http://www.lakeview.cn/

● 迷你高尔夫
  让高尔夫平民化

迷你高尔夫被认为是促进高尔夫球大众化、普及高尔夫球的好形式。如今，迷你高尔夫也落户滇池海埂训练中心。

迷你高尔夫的首要特点是球场占地面积小。

名 称	海埂迷你高尔夫
地 点	昆明市海埂滨海路57号昆明体育训练基地
邮 编	650228

　　标准18洞球场需要1800平方米，一般的迷你高尔夫球场都在400到4000平方米的面积。

　　球场面积小也是迷你高尔夫运动能够大众化普及的重要因素。

● 温泉板块

SPA
温泉
睡进水的被窝里

滇池春天温泉会馆
滇池温泉花园国际大酒店

SPA

◎ 滇池春天温泉会馆

　　昆明滇池春天温泉会馆是一所集休闲、度假、健身、保健水疗、商务接待、娱乐、餐饮、住宿和露天温泉等功能为一体的综合型多元化高级时尚会馆。周边文化、体育、娱乐、酒店、别墅、餐饮等网点一应俱全。距昆明国际机场、云南民族村和红塔国际体育训练基地仅5分钟车程，交通极为便捷。

　　会馆拥有不同规格、不同设置的豪华温泉套房62间，大型室内温泉浴区，室外回廊景观温泉区，设有不同功能的泡池20多个，专业水运动区、冷疗室、室外大型汗蒸幕、多功能健身房、儿童娱乐区、儿童托管区、酒吧、茶道馆等设施。

● 温泉板块

　　会馆每个套房都配有温泉池，纯木头的室内装修设计，两室一厅的宽敞格局，营造宁静自在的氛围。会馆目前还开设有温泉鱼疗池和专业SPA水疗馆，餐饮、娱乐和健身项目一应俱全，旨在带给客人绝对的高档享受。

名称	滇池春天温泉会馆
地点	滇池路1290号
电话	86-871-8066077　8066088
	8066888　8066777
传真	86-871-8066107
网址	www.dcctspa.com

会馆将当今世界流行的"SPA"文化完整引入昆明，吸纳了大批专业的美疗顾问和美疗师，引入西藏医学经典理论，独家推出"五感情景疗法"，是享受天然温泉的理想场所。

● 温泉板块

滇池温泉花园国际大酒店

不但有大温泉浴场，在林子深处，还有一些单独的、石头的小温泉池，很人性化地做成了方便客人平躺的形式，掩映在绿色植物中，有野外温泉的感觉。旁边就是网球场，运动之后就泡个温泉，简直太惬意了。

名称	滇池温泉花园国际大酒店
地点	滇池路海埂公园旁
电话	86-871-4334666
传真	86-871-4332999

● 中国煤矿工人昆明疗养院

　　昆明具有涉外资格的疗养院之一。院内设有高档独立花园别墅式疗（休）养楼8幢，近500床位，二星级套房、单人房、标准房及普通三人间等各类客房，所有客房均有地热温泉水；拥有可容纳25～300人不等的专业会议室23个和与之配套的水上餐厅、医疗中心及以健身房、网球馆、羽毛球馆、壁球馆、水疗、桑拿等为一体的科学健身娱乐中心。

名称｜中国煤矿工人昆明疗养院

电话｜86－871－4311123（总台）

　　　　4311817（旅游部）

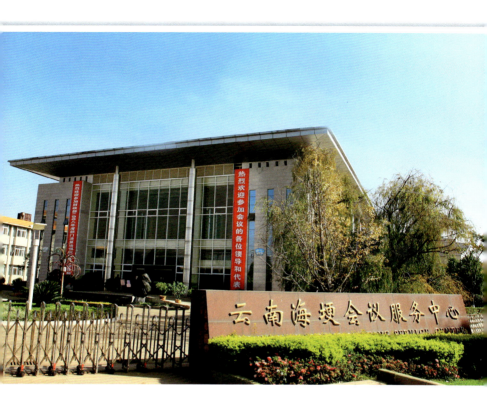

⦿ 云南海埂会议服务中心

有庭院式建筑物24座，各样档次的客房165间，400多个床位，各种规格的会议厅（室）30个。院内还设有国际标准的室内网球场、温泉游泳池、健身房、台球室、卡拉OK厅、舞厅等体育和娱乐场所，有供宾客垂钓娱乐的内湖鱼池8.5亩。

名称	昆明海埂七公里疗养北路
电话	86—871—4311700　4311131
	4311622

● 疗养院

● 昆明航天疗养院

院内有别墅楼、豪华套房、总统套房、标准客房、普通套房、双人标间等多类型、多档次的房间共180间，350个床位。地热温泉24小时供宾客沐浴。有可容纳400人、250人、100人、50人等大、中、小型会议室，餐厅经营各式中、西式菜肴。有室内温泉泳馆、篮球馆、娱乐中心(模拟高尔夫、模拟射击、室内攀岩、气悬球等)、电教室等服务设施。

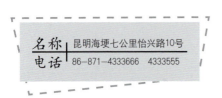

名称 ┃ 昆明海埂七公里怡兴路10号
电话 ┃ 86-871-4333666 4333555

⦿ 兵器工业昆明疗养院

院内设有标准间和套房140多间，普通客房40多间。院内有水温62℃的温泉井，可供宾客温泉沐浴。餐厅提供川菜、鲁菜、淮扬菜、粤菜及滇味菜系，可同时容纳600人用餐。会议设施、体育设施、休闲娱乐设施齐全。

名称｜兵器工业昆明疗养院

电话｜86-871-4311111 4311116

CELEBRITIES
名人明星

YUANXIAOCEN
袁晓岑美术馆

与超级明星不期而遇

　　如今的滇池度假区，已是精英的聚集地、昆明的名人堂。大量的精英聚集在这里，让这个本来就美丽无比的地方，散发出迷人的明星光环。

　　贝克汉姆来过这里，在红塔把足球玩得令全世界的球迷不断尖叫。已故国画和雕塑大师袁晓岑在这里落脚。和铁路及火车打了一辈子交道的刘伟，在这里建起了云南首家民间博物馆。

　　杨丽萍的"孔雀窝"，用精致的民族服饰装扮来自世界各地的客人，作为她生命的舞蹈，也在辗转全国及世界很多地方后，在这里找到了根据地。

　　还有那个画画的赵青，以前在大理的一个岛上建了全是玻璃构筑的院子，引得众多游客参观，成为一个旅游景点。现在，他在这里搞了个"时尚滇池"，理念和大理的房子相似，却更为精致优雅。

　　滇池度假区还将在呈贡大渔片区建起昆明影视与新媒体产业基地，到时候，说不定一不留神你就与某个超级明星不期而遇。把生活过得像电影，再也不是一种奢望。

SPORTS

2003年，对于中国体育界来说，皇马昆明行绝对是最轰动的消息之一。

　　当贝克汉姆在昆明机场走下飞机的舷梯，欢迎的人群和球迷潮水一般地沸腾了起来。

　　当"万人迷"大卫·贝克汉姆遇上皇马，来到昆明红塔，注定会擦出最耀眼的火花。他1975年5月2日生于伦敦雷顿斯通，身高1.80米，体重75公斤，是英超王牌俱乐部曼联队的核心，擅长任意球和角球，长距离传球落点极佳，尤以传中球出众。英伦新一代偶像球星代表。他被誉为足球场上最帅的男人，作秀场上的名气远远大于球技，功夫在球外，绰号"万人迷"。

　　贝克汉姆已经不光属于足球场，他是这个需要娱乐的世界最好的调剂，他是在眼球时代最佳的代表。从他千变万化的发型到神乎其神的黄金右脚，都是人们议论的焦点。

　　实际上，来昆明的皇马巨星和体育名门，除了贝克汉姆，还有众多的名将和大腕。

　　皇马这支拥有众多世界足球先生和大牌球星的队伍不仅仅是以最伟大俱乐部的姿态主宰着欧洲足坛，它麾下的球星更是在世界各地拥有无数的拥趸。贝克汉姆、菲戈、齐达内、劳尔、罗纳尔多、卡洛斯和卡西利亚斯，每一个名字都会让球迷疯狂。皇马的中国之行让人想起前些年时兴的国外马戏团的巡回演出，当然这次人们花上千元人民币购买的门票，是为了看到走下世界上最具影响力的足球巨星。

CELEBS

　　有了红塔体育中心和海埂体育训练基地，滇池注定是一个诞生体育名门的地方。因为这两个地方，本身就是体育名门。

YUAN
XIAOCEN

袁晓岑艺术园　与大师同在

有一种说法在当代艺术界广泛流传：在中国画坛，说"马"就会想起徐悲鸿，说"虾"就会想起齐白石，而如果说"孔雀"，人们肯定就会想起袁晓岑。袁晓岑艺术园，是集中展览先生作品和体味先生精神的地方。

徐悲鸿的得意弟子

袁晓岑先生

在中国画坛，说"马"就会想起徐悲鸿，说"虾"就会想起齐白石，而如果说"孔雀"，人们肯定就会想起袁晓岑。

这是在当代艺术界广为流传的一句话，恰如其分地道出了袁晓岑在中国画坛的位置。如今，袁晓岑先生已仙逝，独留袁晓岑艺术园，让我们看到先生的作品，缅怀先生，与先生这位大师同在。

袁晓岑先生是我国著名的国画大师和雕塑家，艺术造诣精湛，1915年6月出生于贵州省普定县一个偏僻的独家村，后到云南求学。在云南求学期间，袁晓岑得到著名画家徐悲鸿的赏识，并成为得意弟子。

袁晓岑就读于云南大学时，校长是中国著名的数学家教育家熊庆来，熊特别赏识袁晓岑。1941年的一个秋日，他邀请和自己在法国一起留学的徐悲鸿来昆指导，并特意把袁晓岑引荐给了徐。徐悲鸿长袁晓岑20余岁，当年已经是享誉海内外的绘画大师。

当时，袁晓岑把自己雕塑的处女作一匹小马拿给徐悲鸿，请徐大师指正。徐悲鸿并未直接品评这件小雕塑的好坏，而是说做雕塑对形体结构的了解很有帮助，画家做雕塑，可以大益于作画，以后肯定能画得更好。之后，袁晓岑就不时地拿一些自己的画作和雕塑习作请徐悲鸿指点，得到了许多鼓励、肯定和指导。

在恩师徐悲鸿的指点下，袁晓岑深入生活，并最终树立了独特的个人画风和题材。

1953年，38岁的袁晓岑随边疆工作队去到西双版纳，和傣族老乡同吃、同住、同劳动。清晨，他随傣族农民入山寻猪草，总能见孔雀成群出没于林际草坪。

　　"金翎翠羽闪烁于薄雾晨纱，使我如置身仙境，领略了大自然里的孔雀的清新、野逸、幽雅、出尘，远非配以牡丹、桃花、杏花等庭园孔雀可以比拟。而且，自然环境中的孔雀形象具有矫健、潇洒、自然之美，所处环境的简洁又非工笔所能奏效，使余在意境处理及表现形式上大受启发。故，用写意的方法表现自然状态下的孔雀的想法那时就形成了，一直坚持到现在。"袁晓岑一直清楚记得这段经历，尤其记得最初看到那些野生孔雀的震撼，"它们是大自然的精灵"。

　　这段经历极为宝贵，成为袁晓岑一生的创作源泉，并以各种各样的孔雀画而闻名。

　　从1953年开始，袁晓岑对孔雀写意画法的探究付诸实践，最终形成了独树一帜的写意孔雀画法。

　　此后，袁晓岑为北京人民大会堂作大幅国画《森林孔雀》，在北京中国美术馆举办"袁晓岑个人雕塑作品展"，此展也使他成了建国后第一个举办个展的雕塑家，引起了文艺界对云南的关注。

　　1982年，袁晓岑闲居家中进行蜡画探索，创作作品50余幅，被称之为是一新画种。1984年，应北京人民大会堂邀请作画《白鹤》，同时作品《孔雀》也被收藏。1987年至逝世，20多年来，袁晓岑先后为人民大会堂作巨幅画《瑞鸟图》，为北京钓鱼台国宾馆作巨幅画《春天大地》，为99中国昆明世界园艺博览会创作雕塑《孔雀》，编辑出版《荣宝斋画谱·花鸟部分》、《袁晓岑国画雕塑集》、《袁晓岑画孔雀》、《中国近代名家画集·袁晓岑卷》等。袁晓岑一生，在画花鸟的同时，也以国家民族重大事件为题材，创作了许多雕塑作品，如：《战地黄花分外香》、《拍案而起》、《金沙水暖》、《伯乐相马》、《驼峰情》等，表达了他作为一个艺术家对社会的责任感。

　　对袁晓岑一生艺术的追求，大画家范曾在为其画册所作的序中这样写道："先生之艺术生涯，备极苦辛，少年自学，以裱画店中名家作品及《芥子园画册》为范本，博学强记，饥不择食。解放后，深入生活，外师造化，中得心源，加以笔墨锤炼，炉火纯青，先生始名播天下，蔚为一代大师。"

对"瘦马御史"钱南园的敬仰

受徐悲鸿画马的影响，袁晓岑也画了很多马，并把许多马做成雕塑。他最著名的作品中，就有群马图。走进袁晓岑艺术园，最先看到的就是这幅群马雕塑。

通常意义上，马是自由的象征，而袁晓岑老先生，则把马雕塑出了气节。如今陈列在袁晓岑艺术园内的雕塑《瘦马御史——钱南园》就是一证。

钱沣（1740~1795），号南园，字东注，一字约甫，云南昆明人。南园先生少年时家庭贫困，因勤奋苦读，于乾隆三十六年考上进士。后来选入翰林词馆，度过10年的翰苑生涯。后两任湖南学政，督察院湖广道监察御史，身为监察纠劾之官。

他刚强正直嫉恶如仇不避权贵，忠厚直率，刚正不阿；为官清廉，不贪利禄；忠心耿耿，痛恨贪官，但凡遇到贪官污吏，他直言敢为，上书弹劾，不怕失去皇帝的宠幸。在他当御史时，他办了当时闻名全国的两个大案，首先是因为"冒账折捐"案，他参劾了陕西巡抚毕沅，使毕沅官降三级；另一件就是参劾当时的相国和坤的亲信山东巡抚国泰。

清史评为"素以直声震天下"，善书画尤喜画瘦马，钢勾铁划，人称"瘦马御史"。

2003年，袁晓岑将多年来对钱南园的敬仰，构思成雕塑《瘦马御史——钱南园》。

如果你走进袁晓岑艺术园，就会看到这幅先生晚年的作品：钱南园和一匹瘦马在一起，望着远方，目光充满忧虑。脊背挺得笔直，一身清瘦，正直跃然而出。他似乎是在赴远方查案的路上暂时休憩，有着揪出贪官的无比决心，有荆轲去刺秦王时在易水边"风萧萧兮易水寒，壮士一去兮不复还"的决心和悲壮。

袁老有子已长成

袁老虽然去了，但袁老的艺术却留了下来。先生一生，可谓桃李满天下。他的学生中，不乏大家。

袁晓岑老先生的儿子袁熙坤，也是一位大家，还被人称为"肖像外交家"。他还是2008年北京奥运雕塑景观大赛组委会的主任。

作为画家的袁熙坤，最让同行津津乐道、钦羡不已的，是他曾为152位国内外政要、名流画过水墨肖像画，并得到被绘者的签名首肯。这些名人中，包括联合国前秘书长加利和安南、美国前总统克林顿、德国前总理施罗德、菲律宾总统阿罗约、前国际奥委会主席萨玛兰奇等等。当这些国际风云人物看到袁熙坤为他们画的肖像画时，通常会给他一个特别热烈而友好的拥抱。袁熙坤以他独有的方式为中国的对外交流合作做出了自己的贡献，被人们亲切地称为"肖像外交家"。

袁熙坤还创作了近50尊世界历史名人雕塑，目前他是国际上因雕塑获总统最高荣誉勋章和国家文化部门权威艺术奖章最多的中国艺术家。2006年2月15日，袁熙坤荣获"俄罗斯美术研究院荣誉院士"称号。

袁熙坤百余幅国际政要名人水墨肖像画和近50尊国际名人雕像，作为中国与世界各国通好的历史见证，其政治意义和艺术价值不言而喻！譬如面对其所绘肖像，时任美国总统克林顿题词："温馨的回忆，每日与您同在"；巴基斯坦总统穆沙拉夫题词："您把我满意的身影留在了这里，谢谢！"；时任国际奥委会主席萨马兰奇致信："感谢您对奥林匹克作出的重要贡献，使奥林匹克与艺术结缘，对于体育在促进文化事业的发展中意义非凡"；时任印度国总统纳拉亚南致信："在您的努力之下，国际间的友谊，特别是印中之间的友谊通过艺术和文化得到了巩固和发展"……

袁熙坤也因此被誉为"从平面对立体的肖像使者"。

有子如此，袁晓岑老先生一定很是欣慰的。

感受幽雅静谧的袁晓岑艺术园，徜徉园内，但见美术馆巍然高耸，10多座大型雕塑，分别矗立于小河之滨、竹林侧畔、花木丛中。

在这里，我们与大师同在。

袁晓岑艺术园

由品字型主建筑、清风明月亭、雕塑、园林等几部分组成。其功能主要有：袁先生工作室、雕塑陈列室、美术、书法作品展室，同时还建有相应的会议接待设施，为开展高水准的艺术交流提供了场地。

地址	云南省昆明市红塔西路26号
电话	86-871-4315586
交通	44路或73路公交车到滇池度假区管委会或民族村下，约走400米即到。打车可直接到袁晓岑艺术园门口，约为45元人民币。从市中心开车约30分钟。

TIANYUAN

中国天缘艺术馆　云南首家民间博物馆

2008年秋天，中国天缘艺术馆落户云南民族博物馆，滇池度假区再多一个新的地标。至此，这个云南首家民间博物馆总算找到了安身之处。

在这之前，天缘艺术馆一直处于"颠沛流离"的状态。

　　2004年9月，刚退休的刘伟带着多年收藏的100多件艺术品，在家乐福世纪广场租了一个100多平方米的商业网点，"天缘艺术馆"的前身"刘伟艺术工作室"诞生。当时云南还没有诸如省收藏家协会这样的民间社团组织，博物馆资源也远远不能满足老百姓的文化生活需要，那时从昆明到地州的很多收藏爱好者都经常往来"刘伟艺术工作室"，每天前来参观的市民也多达上百人次。

　　但昂贵的租金和名目繁多的支出，刘伟很快赔完了多年的积蓄。

　　不气馁的他，在2006年4月15日又与百余艺术家、工艺美术家、收藏家和企业家携手成立云南民族民间文化遗产保护与开发协会，从事文化遗产保护的非盈利性工作。由刘伟和两位新投资者合作，天缘艺术馆在昆明瓦仓庄成立，这座全新的民营博物馆规模达到了1000多平方米，明清家具、历代瓷器、奇石古玉、名家书画等千余件藏品的容量已远超刘伟最初创业时的规模。

　　2007年1月，天缘艺术馆的"事业"走到了社会影响力的巅峰，央视"民间寻宝记——走进云南"摄制组来了，与天缘艺术馆合作在昆明举办首届云南赛宝大会。

　　会馆藏品达3000多件，不乏国宝级的藏品。美国《国家地理》独立制片人布莱恩、美国史密森尼文化考察团等参观后都赞不绝口，惊叹于云南的物华天宝。

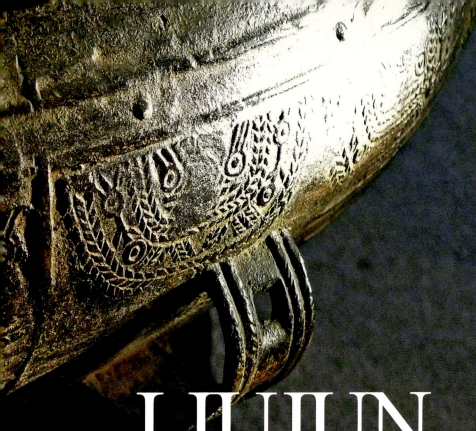

LIUJUN

刘军 收藏云南

　　刘军，辽宁康平人，1951年生，中国作家协会会员，云南省民族文化遗产保护与开发协会副会长，其书法极具创新精神，大气磅礴，善用浓墨，力透纸背，他的"左手反书"创造了中国书法一绝。曾任《工人日报》记者、《深圳特区报》记者，著有长篇小说《神秘大亨》、《大收藏家》、《噩恋》、《审计风暴》、《危机重重》、《黑色帝国》、《女友》、《汉武深宫》。杂文篇《梅林小雨》及诗歌集《手机写成的歌》等，共计900多万字。

　　2002年开始，刘军开始涉足收藏，短短几年时间里，收藏了大量的精品，这其中甚至包括龙床。这些藏品都极为珍贵，大多值数百万，价值上千万的也不少。

　　但有趣的是，这些珍贵的古代家具，刘军却把它们当做日常的生活用品。刘军收藏它们，却又把它们看做与普通的家具无异。在常人看来天文数字的价值，在刘军这里都被忽略不计。

这是作家、书法家及收藏家刘军的私人藏品，数量上千，有古代家具、青铜器、瓷器、玉器、印章书画等。除印章字画外，均是在云南收集到的。这个位于滇池畔的刘宅，迄今已有数万人造访。

YANG LIPING

杨丽萍　扎根滇池

大型原生态舞蹈《云南映象》之后，杨丽萍注定将在中国舞蹈艺术史上留下属于自己的一页光华。她是不折不扣的"舞神"、中国民族舞蹈教母。

《云南映象》将最原生的原创乡土歌舞精髓和民族舞经典全新整合重构，再创云南浓郁的民族风情，所以杨丽萍扎根滇池的云南民族村，可谓相得益彰。

杨丽萍和妹妹开的"孔雀窝"民族服饰店，也一并搬迁到了民族村里。如今的杨丽萍，正在民族村的滇池大舞台里加紧排练，未来，杨丽萍的节目将在这里上演。

据说未来，滇池将有"杨丽萍艺术剧院"呈现。

ZHAO QING

赵青 滇池是另一个家

　　赵青，一个大理的孩子。童年时深居大山，终年与自然对话。赵青学的是油画，从北京"京华艺专"毕业后，跟随方力均、岳敏君等人驻扎圆明园画家村，而后办了画展，红透画坛大半边天。

　　但他却舍下功名利禄，带着妻子回到了大理，隐居赤文岛，吟诗作画，参禅悟道。

　　赵青启动了来自自身生命深处的生活理想，构筑了一所令人叹为观止的"梦想之屋"（Dream House）。在老家的云南大理洱海，他修建了一座漂亮城堡，取名"青庐"。

　　城堡是两层的玻璃房，依建在洱海的岩石上，中间是露天大院，日式风格，栽有四季花草，身处其中，无论坐、卧、立，都有一种说不出的舒适。在孤岛与海岸之间，有一条连通外界的玻璃长廊，抬头是湛蓝的天空，脚下是荡漾的波澜。夕阳从对面的苍山洒下万丈光芒。

　　习习的海风，码头闪烁的渔火，村头的菩提树茶……人归自然，安静幻化，驻足思量，心性开朗，大有"溪花与禅意，相对亦忘言"之境。

　　由于"青庐"本身的艺术创意性，很多慕名而来的人都到此来参观。除了参观建筑之外，当然他们也想"参观"一下它的主人。

　　如今，赵青又在海埂公园搞了个升级版的"青庐"，取名"时尚滇池"，融进了很多新的理念和创意。对赵青来说，滇池就是他的另一个家吧。

CELEBRITIES

把生活过得像电影

正当人们还在感慨中国要制作一部大片，总要将白花花的"银子"送到国外去搞数字后期制作的时候，云南昆明来了一个美国客人——昆明荣誉市民、美国滇缅路制作公司董事长杰夫·格林。

由杰夫·格林发起的国际数码电影周暨数码技术博览会将于2009年7月在昆举行，届时，福克斯、索尼等国际知名企业将应邀参加。

杰夫·格林将携高清数码影视制作领域的世界顶级专家兰道尔等，与昆明市政府及云南民族村合作，拟在昆明建造一个世界级、全功能的数字影视后期制作基地，在中国培养大批数码电影、电视制作人才，填补中国该领域的空白。基地还将设置世界级的豪华酒店，以满足国际电影制作商、电影明星和高级国际游客的需求。

杰夫·格林认为，世界上没有一个地方像云南一样有美丽富饶的自然资源，同时拥有国家命名的"影视产业示范基地"，唐季礼、陈凯歌等知名导演也将在云南建设影视拍摄基地，这些都是机遇。

他还认为云南必将成为"亚洲影视制作和销售中心"。他说云南本来就是一个吸引"电影人"的地方，而且很多亚洲电影制作商要到美国等地进行数码后期制作的成本，要比拍摄成本高出3倍左右，来昆明可以大大减少成本。

他将吸引更多的国际电影、电视制作公司进入云南。

香港中国国际传媒集团有限公司的"昆明影视与新媒体产业基地"项目也已经在2008年启动。香港著名导演、香港中国国际传媒集团有限公司董事长唐季礼介绍说，昆明影视与新媒体产业基地项目选址于昆明滇池国家旅游度假区呈贡大渔片区，其内容主要包括影视产业基地、新媒体产业基地、职业培训教育基地、影视文化商业推广中心、旅游度假及相关生活配套服务设施。

● 云南大学滇池学院

　　云南大学滇池学院是由云南大学申办，并经教育部批准的独立学院。作为母体的云南大学是云南唯一实施国家"211工程"和西部重点支持的高校，她是集人文社会科学、自然科学、工程技术科学、管理科学为一体的多学科综合性大学。

　　云南大学滇池学院自2001年建院以来，以母体云南大学为后盾，经过六年的发展历程，已形成文、法、经、管、理、工多学科协调发展、以培养应用型人才为主的普通本科高等学校。

　　滇池不仅是时尚之地、还是一个充满人文墨韵的书香门第。新华社云南分社就选了滇池度假区作为"落户"之地。

● 昆明学院南校区

● 云南体育运动职业技术学院

云南体育运动职业技术学院2004年5月26日由原云南省体育运动学校升格而成，是一所培养适应云南省体育事业发展需要，德、智、体、美、劳全面发展的高级应用型人才的公办全日制普通高等职业技术学院（专科层次）。

学院是西南地区唯一的国家高水平体育后备人才基地。目前有在校生1000余人，至今已为专业队培养输送了1000多名优秀体育人才，其中，何琦、黎则文等已成长为名扬体坛的优秀运动员。多年来输送的后备人才中，有2人获世界冠军，8人获亚洲冠军，100多人获全运会及全国冠军。学院因而被誉为云南省竞技体育的"人才库"、"输送站"和"优秀选手的摇篮"。

名称	云南体育运动职业技术学院
地点	云南省昆明市海埂路
邮编	650228
电话	86-871-8063610 办公室：86-871-8063599
学校网站	www.ynasc.com

昆明学院的前身是昆明师范高等专科学校，学校始办于1978年，是经国务院批准成立的高等师范院校。除云南省外，同时向湖南、江西、山东、河南、广西、黑龙江、四川等省区招生。

昆明学院是以培养中学教师和初等教育、学前教育大专学历教师为主的多学科高等师范专科学校，是云南省培养教师的摇篮之一。

昆明学院南校区在风光秀丽的滇池旅游度假区。

◉ 昆明市滇池度假区实验学校

昆明市滇池度假区实验学校(Kunming Dianchi Resort Experimental School)是一所经昆明市教育局批准成立、由昆明滇池国家旅游度假区管委会管理，实施九年一贯制义务教育的公办学校，于2007年9月8日落成开学。

学校位于享誉全国的昆明滇池国家旅游度假区内，环境优美、气候宜人、景致旖旎。度假区交通畅达，公共设施齐备，经济发达，人气旺盛。区内有"云南民族村"、"云南民族博物馆"、"国家体育训练基地"、"云南大学滇池学院"等极具社会、文化价值的丰富多彩的教学资源。学校办学规模为54个班，小学（1~6年级）36个班，初中（7~9年级）18个班。

教学设施先进完备，每间教室都装备了先进的电子白板，办学理念超前，提出了创建"小班制、双语式、生态化、学习型、高品质"的五星级学校的办学目标。

名 称 昆明市滇池度假区实验学校

地 点 昆明滇池国家旅游度假区红塔东路12号滇池卫城昆明市滇池度假区实验学校

邮 编 650228

电 话 86-871-4318630
　　　　 4316929 4316928

学校网站 www.dwxschool.cn

电子邮箱 bgs@ dwxschool.cn

交 通 可乘昆明公交44路、73路到滇池路红塔路口下车，再乘135路小公交到滇池卫城。

昆明碧桢韩国国际学校

让韩国的小孩子到这里来读书，学中文教学；或招收中国学生进校学习，用韩国语学习。分为小学、初中和高中。

名称	昆明碧桢韩国国际学校
地点	昆明市滇池路云南民族村旁
电话	86-871-4316005
学校网站	www.vik.or.kr

成功者的地标

　　滇池在区域经济上是一个硕大的金字品牌，在这个品牌下，不在乎制造，而更看重交易和平台功能。它是一种情调，是以休闲面目出现的一种发展手段。

　　这里的高尚住宅区和酒店，是财富和成功的标志。不知道从什么时候开始，住在滇池路，成为一种身份的象征。

　　波西米亚花园、阳光海岸、马可波罗、半岛、听涛雅苑、列农溪谷、金家大院、滇池康城、滇池南郡、滇池名古屋、龙华别墅、挪威森林……等观景花园别墅和楼房，怡景园、滇池温泉花园酒店等高档度假酒店，使滇池度假区成了真正的高尚住宅区。

　　一面是享受自然花香的极致，一面是打造艺术人文的极端；一面是歌颂财富文化，一面是精神至上追寻城市灵魂。这就是滇池。

HOTELS
旅游地产/酒店

这里是现代都市里的第三空间，一个在滚滚红尘之外，昏昏忙碌之
外静享生命的轻松与惬意的空间；一个在脉脉温泉之中，融融阳光之
中静享生命的活力与健康的空间；一个在清静的时光里，丝丝的微风
中静享生命的淡定与从容的空间；一个在独自的空间里，静谧的氛围
中静享生命的尊严与自由的空间……

ECONOMY CROUPS
总部经济

滇池卫城
Dianchiweicheng

滇池卫城位于昆明滇池国家旅游度假区，
全部以系列别墅型洋房为主，生机勃勃地
覆盖在蓝湾、蓝谷、紫郡三区。

将情调花园、简约跃层、经典平层、梦幻
露台、灵动阁楼等充满艺术的各种元素完美结
合的别墅洋房。

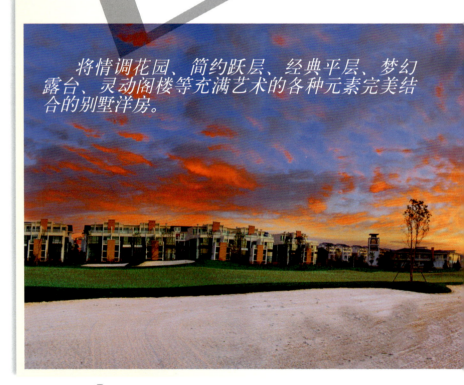

居住在洋房里，尊享如别墅中，双重实现居住品位与生活思想。

高尚住宅区

波涛做枕　蓝天为被　鲜花为裳

波西米亚花园
Boximiyahuayuan

宽的联排别墅，追求田园、森林的贴近。
"曲径每过三益友，小庭常对四时花"。

2001年以后，TOWN HOUSE这种独门独院、前后有私家花园及车库（位）的优越居住空间正为越来越多的家庭所向往。这种具有丰富空间层次的住宅所面对的是对居住有很高要求的人群。

这个前所未有的宽阔空间，让人们获得了更多的阳光，更贴近TOWN HOUSE亲近自然的高尚生活本质，波西米亚花园也由此达到了本土波西米亚花园的一个全新高度……

金家大院
Jinjiadayuan

位于红塔体育中心旁，是昆明少有的超低容积率别墅项目之一。

在占地80余亩的土地上，单体建筑独栋别墅47栋，容积率仅为0.36，绿化率达70%。金家大院面对滇池，窗含西山，有四栋别墅可看见滇池全景。

滇池名古屋
Dianchimingguwu

滇池名古屋是一座中式庭院别墅。

小区占地130亩，仅192户，容积率0.59。建筑创意来自学贯中西的世界级建筑大师贝聿铭，景观营造亭台水榭体现苏州园林风情。滇池名古屋是西山脚下滇池湖畔的苏州园林高尚别墅社区。

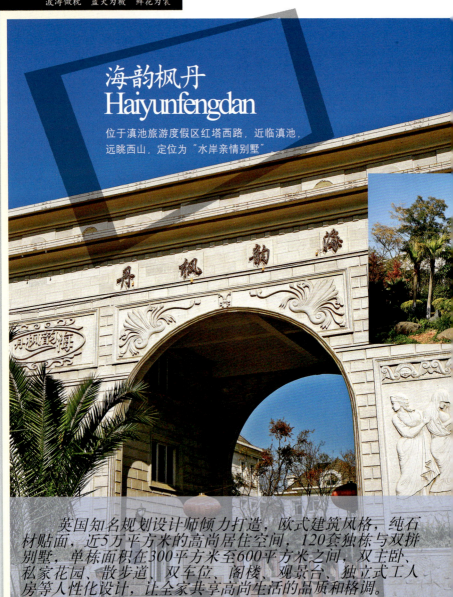

海韵枫丹
Haiyunfengdan

位于滇池旅游度假区红塔西路，近临滇池，
远眺西山，定位为"水岸亲情别墅"

　　英国知名规划设计师倾力打造，欧式建筑风格，纯石材贴面，近5万平方米的高尚居住空间，120套独栋与双拼别墅，单栋面积在300平方米至600平方米之间，双主卧、私家花园、散步道、双车位、阁楼、观景台、独立式工人房等人性化设计，让全家共享高尚生活的品质和格调。

景观生态走廊将第一个组团群落全然拥抱入怀，每一幢别墅的每一面都能最大限度地接触自然。别墅之间梯形宽距交错，自然堆坡使景观错落有致，保证别墅之间互不遮挡，而别墅本身所具有的超大落地玻璃窗四面采光，让观景的角度更加宽广，无论远近，无论站在哪一面窗前，庭院中的八面美景总能一览无遗，尽收眼底。

马可波罗半岛别墅园林错落，两大主题花园分别建在社区的入口处和别墅环绕的社区中央，云水清逸花园充分融合自然湿地、大幅绿荫及流水飞瀑的动静互补，景观的整体与独立通过流水的运用有机串接，生态核心花园是景观共享在马可波罗半岛别墅最集中的表现，全开敞的规划格局将生态美景全面辐射到社区的四个组团中，纯自然的流水、绿树、石景、驿道组合，不仅为社区营造了一个公共的观赏空间，更为在社区中漫步的每一个人提供了一份随处可见的流动美景，生活如在画中，愉悦心情随心弥散。

红嘴鸥观景码头，正处在半岛东面的开阔水域，人与红嘴鸥嬉戏，共享人与自然的和谐。

马可波罗半岛
Makebolobandao

马可波罗半岛别墅位于滇池路度假中心与城市顺延接壤的珍藏地段，近拥滇池，远眺西山，与民族村隔水相望，同红塔体育中心相伴为邻，城市自然共辉晨。绝妙的三面环水半岛地势，收山拢水，阳光普照，清新湿润的空气与山水运脉共融一体。

滇池温泉花园国际大酒店
在山水美景里下塌

　　云南滇池温泉花园国际大酒店位于昆明市西南，临西山、依滇池、和云南民族村相环抱，形成昆明酒店中最美丽的风景线。这里有昆明最美的园林、最洁净的空气，置身酒店宛如走进一幅美丽的山水画中，处处绿树春风、花香鸟语，酒店大堂内山水园林、瀑布小桥、鲜花常开、小鸟飞翔，被评为99中国装饰设计金奖。

　　呼吸纯净的空气，沐浴自然的气息，享受源自地底千米温润清醇的温泉，让您神清气爽，身矫体健；289间套坐拥湖光山色的花园客房，宽敞舒适，平均面积45平方米以上；佳肴美酒，百味纷呈，品尝地道的淮扬名菜、云南风味及多款时令美食，让您回味无穷；体验关怀备至的服务，丰富多彩的户内外活动期待您的参与，必令您惊喜无限。

星级：四星

地 址	昆明市西山区滇池路1316号（海埂公园旁）
电 话	86-871-4334666
交 通	距离市中心：9公里、距离火车站：12公里、距离飞机场：14公里、距离会展中心：13公里、距离长途汽车总站：12公里

餐饮设施 中餐厅主要经营淮扬菜、粤菜、川菜、滇菜可容纳120人、天开红梅厅西餐厅主要经营自助餐、可容纳70人

会议设施 国际会议室可容纳450人、200、10~60人、商务会馆70~80人

休闲设施 网球场、桑拿浴室、棋牌室、乒乓球室、温泉游泳场、泡池

服务设施 商务中心、票务服务、租车服务、洗衣服务、商场、停车场、美容美发、按摩中心、机场接机服务（收费）

上网情况 所有房间宽带上网、资费：15元/小时、90元/天

信用卡 国际信用卡万事达(Master)、国际信用卡威士(VISA)、国际信用卡运通(AMEX)、国际信用卡大来(Diners Club)、国际信用卡JCB、国内发行银联卡

　　花园丛中的会议厅使您的会议轻松愉快，一流的设施设备及精心策划与服务，令您的会议更加方便快捷，是会议的理想选择。

◉ 滇池大酒店

　　滇池大酒店属于四星级度假型饭店，酒店位于滇池度假区，与民族村相邻，与西山隔水相望，风景优美清雅，酒店拥有各类客房230余间（套），大小会议室 10 余间，4 栋贵宾楼及室内温泉游泳馆、国标室内篮球馆、保龄球馆、歌舞厅等娱乐配套设施，计算机网络已进入客房。得天独厚的地下深井温水直接入室，提供24小时美妙的温泉浴，是举行会议、宴请及住宿的理想选择地。

星级：四星

地址	云南省昆明市滇池路
电话	86-871-4312888
传真	86-871-4312087

接受信用卡：长城卡、牡丹卡、金穗卡、龙卡、太平洋卡、招商银行卡、邮政绿卡、VISA卡、运通卡、万事达卡、大莱卡、JCB卡

*服务项目：DDD电话（国内长途直拨）、IDD电话（国际长途直拨）、商务中心、停车场、洗衣服务、叫醒服务、商场、医务室、美容美发

*会议设施：会议室

*餐饮设施：中餐厅、西餐厅、咖啡厅、酒吧、大堂吧、茶室、客房送餐服务

*休闲娱乐设施：多功能厅、KTV、舞厅、棋牌室、台球室、乒乓球室、保龄球场、网球场、按摩室、室内游泳池、健身房、模拟高尔夫球场、羽毛球场

◉ 望湖宾馆

望湖宾馆位于红塔体育中心南区，环境幽雅，由主楼、静海源别墅两个区域的多种房型构成。按四星级酒店标准建造，有复式套房、普通套房、标准间、单间共计153间客房。距滇池水面仅50米。设有101间客房（复式套房5间、普通套房12间、标准客房84间）。

宾馆拥有昆明最大的全透光式大堂，高贵典雅，流光溢彩。适合举办发布会、演出、冷餐会等活动。

酒店餐饮、商务中心、商场、会务中心等功能设施完善，客房装饰尊贵典雅又不失温馨舒适。客房内25寸电视、书桌、冰箱、床头控制柜、保险柜等配置齐全，套房内还配置了29寸电视、电吹风等配置设施。酒店使用中央空调，一年四季恒温控制。

星级：四星

地址 昆明市滇池国家旅游度假区红塔体育中心
电话 86-871-4328888

● 怡景园度假酒店
在园林中徜徉 在温泉中遐想

昆明怡景园度假酒店是一家四星级酒店，隶属于昆明滇池国家旅游度假区，酒店位于烟波浩渺，远山近水，渔船点点，浪花拍岸，绿树成荫的滇池之滨，与西山睡美人遥相呼应。南邻著名旅游景区——云南民族村，北联市区，交通便利。距市区6公里，距火车站8公里，距飞机场10公里。

酒店总投资一亿5千万元，设有五幢独立式客房。坐落于近4000平米的庭园式广场和景观型花园之间，错落有致，自然和谐。"怡景"、"怡心"、"怡泽"、"怡缘"、"怡德"五幢楼宇都配备有独立式中央空调系统，立面典雅，线条明快，掩映在绿树花丛之中。

近100间豪华标准间，8套豪华观景套房和13套风格独具、亲和惬意的豪华跃式客房，装修典雅，功能舒适现代，客房内再配以线条明快的藤木家具，体现了商旅家居的温馨和便利。无线网络技术使网络生活延伸至客房空间。酒店以崇尚回归自然为设计理念，以和谐清新的主线建造成绿树围抱，绿草成茵的典范花园式酒店。酒店内每一处都幽雅宁静，花团锦簇，漫步于其中，令人心旷神怡，流连忘返，是喧嚣都市中难得的寻幽之处。

星级：四星

地址	昆明西山区滇池路1288号
电话	86-871-4313338
传真	86-871-4313339

接受信用卡：万事达卡、太平洋卡、牡丹卡、金穗卡、长城卡、龙卡、Visacard

◉ 云天花苑酒店

　　昆明云天花苑酒店是按国际四星级标准修建的花苑别墅式商务会议型酒店，位于著名的滇池国家级旅游度假区内，交通便利，环境优雅怡人，设施齐全，房间格调高雅，温馨舒适。

　　昆明云天花苑酒店还拥有国际会议厅、多功能会议厅和五个小会议室，并配备了先进的会议设施。为您开展商务会议活动创造了专业、舒适、高雅的环境。酒店还设有完善的商务中心，为商务、会议客人提供专业优质的服务。是商务、会议、办公、旅游、休闲度假的理想之地。

星级：四星

地址 中国·昆明·滇池路六公里处·云天花苑酒店

电话 86-871-6242999

传真 86-871-6242800
http://www.ytgarden.com.cn

接受信用卡：Visacard、牡丹卡、金穗卡、长城卡、龙卡、太平洋卡、东方卡、万事达卡、JCBcard

*早餐价为：25元/人

*酒店加床价为：100元/天

*酒店接送机服务：50元/人

*休闲娱乐设施：多功能厅、KTV包房、棋牌室、网球场、按摩室、室外游泳池、健身房

作为全国唯一一个位于内陆的国家级旅游度假区，昆明滇池国家旅游度假区建区十多年以来，不断改善基础设施建设和投资环境建设，逐渐成为"将昆明市建设成为我国最适宜人类居住的城市，西部地区投资环境和生态环境最好的城市"这一发展目标的样板和示范区。

　　*2003年，*德国奔驰汽车公司在对西部省市进行市场及投资环境调查后，感叹云南昆明具有良好的市场消费能力和功能完善的投资环境，**毅然将"德国奔驰汽车昆明专卖店"的选址确定在昆明滇池国家旅游度假区。良好的投资环境和得天独厚的区位优势，使度假区真正成为对外开放、投资开发的一方热土，吸引大量投资者纷至沓来。**

　　除了奔驰以外，"大腕"企业总部在滇池度假区的还有金沙江中游水电开发公司总部、云南移动通信公司总部、中国华电云南公司总部等。

云南海埂会议中心在建中的云南大会堂

滇池温泉花园国际大酒店会议厅

　　提供各种不同规格的会议厅供您选择：豪华温馨的多功能厅可举办400人左右的大型会议；英式商务会馆提供80人以下的小型商务会议；此外另有小型会议室可供选择，是会议、旅游的理想选择。

　　酒店先后接待了许多著名跨国公司，如M&M's，通用汽车，摩托罗拉，微软，Unisys，Cisco都在酒店成功举办过各种类型的会议，其中有新闻发布会，产品展示会，工作研讨会，科技交流会，各类庆典活动等。

星级：四星

地址 | 昆明市西山区滇池路1316号（海埂公园旁）

电话 | 86-871-4334666

昆明怡景园度假酒店会议厅

　　怡景园度假酒店拥有四幢独立式客房坐落于近4000平米的庭园式广场和景观型花园之间，错落有致、自然和谐。150人会议厅配备有4种语言同声翻译设备，可提供国际会议使用。大型电子屏幕根据不同的会议需求，显示会议文字和图形信号。而大型等离子显像屏可一展报告人的风采。配备20组电子表决器的会议室，为那些需要付诸表决的高层会议提供了现代、保密的会议设备。酒店餐厅有300个餐位，一个大型景观式餐厅、5个宴会包房。餐厅主营滇式菜肴，"云南风味宴席"曾荣获云南省烹饪大赛金奖。

星级：四星

地址	昆明　西山区　滇池路1288号
电话	86-871-4313338
传真	86-871-4313339
邮编	650228

云南滇池大酒店会议厅

　　为满足接待大型会议及团体客人的需要，云南滇池大酒店内设有可容纳300余人的大型多功能厅、国际会议厅以及中小会议厅10余个，可接待各种类型的国际、国内会议。四种语言的同声传译系统和摄、录、播一体的影音设施及先进的数字化联网会议系统，使您在分会场也能感受到主会场的气氛。

星级：四星

地址	云南省昆明市滇池路
电话	86-871-4312888
传真	86-871-4312087
邮编	650228

各个疗养院也都有会议服务，联系方式参见"康体健身·疗养院"板块

昆明滇池国家旅游度假区重大庆典活动

2000年，首届中国民族民间服装服饰博览会模特大赛活动

2002年，第三届中国昆明国际旅游节开幕式文艺晚会

2002年，建区10周年活动；

2007年，中央电视台元旦双语晚会

2007年，建区15周年活动

2008年，第七届全国残运会闭幕式

2008年，第29届奥运火炬境内传递昆明站庆典活动

2009年，云南电视台元旦晚会

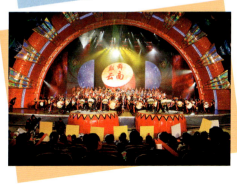

执行主编：张金明　徐　琨

编辑撰稿：朱莉娅

美术编辑：李　鲲

摄　　影：李一波　范立义　普中华　邹引知

　　　　　陈克勤　杨红毅　侯新魁　王光华

　　　　　李焕生　张忠文　鲍利辉　杨橙云

　　　　　段兆顺　徐　琨　张金明　葛慎宪

　　　　　申　俊　宋永贵　张有林　苏子柱

　　　　　李　路

（部分图片由昆明滇池国家旅游度假区供稿）

编辑设计制作：昆明巨洲文化传播有限公司

　　　　　　　《假日旅游》编辑部